あの人はなぜ、東大卒に勝てるのか

論理思考のシンプルな本質

Intellectual Gekokujo:
The Real Essence of Logical Thinking

津田久資

ダイヤモンド社

あるテレビ番組を見ていたときのこと。
「みんなに人気のパン」ランキングが紹介されていた。

3位はあんパン。
2位はメロンパン――。

では、1位は?

5秒くらい考えてみてください。

クリームパン？
ジャムパン？
カレーパン？

いろいろな答えが思い浮かんだと思う。

では、実際に1位だったのは？
答えは「食パン」だ。

これを聞いたとき、多くの人がきっと拍子抜けするはずだ。
みなさんの「な〜んだ、そんなことか！」「えー、それはないよ〜」という心の声が聞こえてきそうである。何を隠そう、番組を見ていた僕自身も同じ感想を抱いた。

でもちょっと考えてみてほしい。人気第1位であるにもかかわらず、多くの人が食パンを思いつけないというのは、ちょっと不思議ではないだろうか？

「食パン」を発想できた人は、どう考えているか？

「ビジネスの世界はスピードだ」と言われる。それは全面的に正しい。

これは突き詰めて言えば、「優れたアイデアを発想・実現するスピードが早ければ早いほど、そのビジネスで勝てる可能性が高い」ということだ。


だが、そのアイデアはどこから来るのだろうか？

アイデアを発想できたりできなかったりするとき、頭の中では何が起きているのか？

「1位＝食パン」を発想するには、どんな頭の使い方をすればいいのか？


たとえば、ヒット商品の開発というのは、この食パンを探り当てる行為に似ている。

「みんながほしがるのに、みんなが見過ごしているもの」についてのアイデア。

そして、それをあなたが拾い上げた瞬間に、周囲の人が「な〜んだ、それなら自分も思いつけたよ」「しまった！　先を越された〜」と地団駄を踏んでくやしがるようなアイデア。


それにたどりつくための「頭の使い方」が本書の主題だ。

これは、いわゆる頭のよさや学歴とは無関係である。

事実、昔から勉強が苦手でテスト問題に苦労していた人も、社会に出るや、東大卒のようなエリートと当たり前のようにわたり合い、場合によっては、エリートを圧倒している。

逆に、学生時代に優秀だと言われ、それなりに立派な企業に就職した人でも、ビジネスの世界では「そこそこの人材」に格下げになることがある。

あなたのまわりにも、思い当たる事例はいくつかあるはずだ。

なぜこうした逆転が起きてくるのか？

答えは単純だ。

ビジネスの戦場では、知識量や学力などよりも、やはり「『食パン』を探し出す力」が決め手になるからだ。

アイデアが出ないとき、何が不足しているのか？

では、「食パン」のような発想、つまり、競合に「しまった！」と思わせるアイデアを引き出すには、一体何が必要なのだろうか？
ここで本書の結論を先に言ってしまおう。

それこそが、**論理思考**の力である。

だが、「発想の力＝論理思考の力」という定式には少々違和感を覚える人もいると思う。なぜそう感じるのか？
他人のアイデアに負けたとき、僕たちはふつう、次のどちらかが原因だと考える。

- 知識の量が足りなかったから負けた
- ひらめきの力が足りなかったから負けた

つまり、「論理が足りなかったせいで負けた」などと考える人は、なかなかいない。

しかしビジネスについて言えば、知識の量やひらめきの力が敗北の原因となっているケースというのは、じつは意外に少ない。

負けたことに奮起して勉強を始める人も、ひらめきのセンスの無さを嘆く人も、本当の問題点を見誤っている可能性が高いということだ。

競合よりも優れたアイデアを、競合よりも速く引き出すうえで真に必要なのは、情報収集や学習でもひらめきの力を磨くことでもない。

「競合に打ち勝つアイデアは、論理思考から生まれる」——これが本書を貫く思想だ。

「でも、なぜそう言えるの？」

「そもそも論理的に考えるって？」

まだわからなくても大丈夫。

これから「勝つための思考の作法」をお伝えしていく過程で、両者のつながりがはっきりと見えてくるはずだ。

BCG・博報堂で考えてきた「敗北の本質」

タイトルが気になって本書を手にとってくれた方にお断りしておくと、何を隠そう、この僕自身も灘高校・東大法学部の卒業生である。

学生時代はそこそこ勉強ができたし、「自分は頭がいいのかも……」と思ったことが一度もないと言えば嘘になる。

そんな僕も大学卒業後に、広告代理店の博報堂や戦略コンサルファームのボストン コンサルティング グループ（BCG）で働く中で、いやになるほど敗北を味わった。

思えば、博報堂の入社試験の段階から、僕の敗北は始まっていた。

「キヨスクのおばちゃんに日本国憲法を読ませるセールストークを50文字以内で書け」

ペーパーテストではこんな問題が出された。自分の解答にそれなりの手応えを感じていた僕は、入社後の飲み会で人事担当の方に「あの解答、どうでしたか？」と尋ねた。

すると、彼は「ああ、あれね。0点」と言い放ったのである。僕が耳を疑っていると、バッチリと目を合わせながら「れ・い・て・ん」と念を押される始末だった。

それ以来、「なぜ自分が負けたのか？」「なぜ相手が勝ったのか？」を考える機会が、僕には幾度となくあった。

その結論としてたどりついたのが、本書のサブタイトルにもなっている「論理思考のシンプルな本質」である。

学歴の壁を突破してライバルに勝ちたいという人、そして、学力はあるのに仕事で敗北を味わい続けている（かつての僕自身のような）人に役立つことばかりを、この一冊にまとめたつもりだ。

思考は「ツール」から学ぶな、「エッセンス」から学べ！

僕には日頃、論理思考や問題解決をテーマにした企業研修の講師をする機会も多い。

クライアントは大企業の経営者・経営幹部から若手社員までさまざま。これまでのべ1万人以上に講義をしてきた。

ここ1年くらいは六本木のアカデミーヒルズでもレクチャーする機会をいただき、おかげさまでとても好評をいただけているようだ。

そういう場に来た人たちにもお伝えしていることだが、「いますぐアイデアマンになりたい」とか「手軽なロジカルシンキングのツールを知りたい」と思っている方にとっては、僕の話は少々期待はずれに終わるかもしれない。

僕が語ろうとしているのは、それよりもっとシンプルでエッセンシャルなことだからだ。

とはいえ、理屈だけを語って具体的な技術については沈黙するなどということはしないので安心してほしい。

約束しよう。本書を読み終えたとき、あなたは「ビジネスで勝つためには、どんな考え方をすればいいか？」について、かなりクリアに理解しているはずだ。

それではまず、「思考力で勝つ」とはそもそもどういうことなのか、これについて見ていくことにしよう。

あの人はなぜ、東大卒に勝てるのか——論理思考のシンプルな本質　目次

第2章 思考の幅を広げる

アイデアの「孫悟空」にならない、唯一可能な方程式

第3章 論理的に考える

天才に近づく思考法

第4章 発想率を高める
広大な砂漠で宝を掘り当てるには？

第5章 発想の材料を増やす
知識の鵜呑み・食わず嫌いを無くす、したたかな戦略

第7章

〔付論〕結論思考の情報収集術

なぜあの人の新プロジェクトはコケたのか？

終章　あの人はなぜ、東大卒に勝てるのか？

知的下剋上の時代を生き抜く

第1章

思考のフィールドで勝つ

マッキンゼーと東大卒の「頭のよさ」はどう違うか？

僕たちはいつも「よく考えた」と誤解する

あなたは1日の仕事時間のうち、どれくらいを「考える」のに使っているだろうか？
5分？　50分？　5時間？

研修の場でこの質問をすると、「5時間くらい」と答える人がけっこういる。
だが、少なくとも本書が想定する「考える」からすれば、仕事中に5時間も考えている人材などというのはまず存在しない。むしろ、そういう人は、ビジネスパーソンとしてはあまり役に立たない可能性すらあるくらいだ。

それにもかかわらず、なぜ「5時間くらい」などという答えが出てくるのか？　それは「考える」ということについて、多くの人がある1つの誤解をしているからである。

マーケティング戦略を「考える」とは？

たとえば、あなたが自社製品のマーケティング戦略を「考える」立場になったとしよう。あなたはどんなアクションをとるだろうか？

マーケティングを勉強したことがある人なら、STPマーケティングの枠組みに沿って、セグメンテーション（Segmentation）、ターゲティング（Targeting）、ポジショニング（Positioning）という3つの点から、効果的な市場開拓の方策を検討してみるかもしれない。

あるいは、製品（Product）、価格（Price）、プロモーション（Promotion）、流通（Place）の4つの視点からマーケティング施策を見ていく「4P」もある。

そこまで本格的なツールまでいかなくても、自社の企画書テンプレートやプレゼンフォーマットを埋めながら、マーケティング戦略を「考える」という人もいるかもしれない。

しかし、こうした行為は、すべて1つ残らず、考えたとは言わない。

少なくとも本書では、これを「考える」とは呼ばないのである。

公式に当てはめても「考えた」とは言えない

まだ腑に落ちない人がほとんどだと思うので、もう1つ例を見てみよう。

たとえば、下のような直角三角形があるとき、直線BCの長さはいくつになるだろうか？

そう、答えは「5」だ。このとき、あなたは次のような公式のことを思い出している。

「直角三角形において、斜辺をc、ほかの2辺をa、bとすると、$a^2+b^2=c^2$ が成り立つ」

あなたはこの公式に当てはめながら「5」という答えを導き出したわけだが、果たしてこれを「考えた」と言うだろうか？

フレームワークに当てはめて、答えを出す

直角三角形ABCにおいて、直線ABが4、直線ACが3のとき、直線BCの長さはいくつになるか？

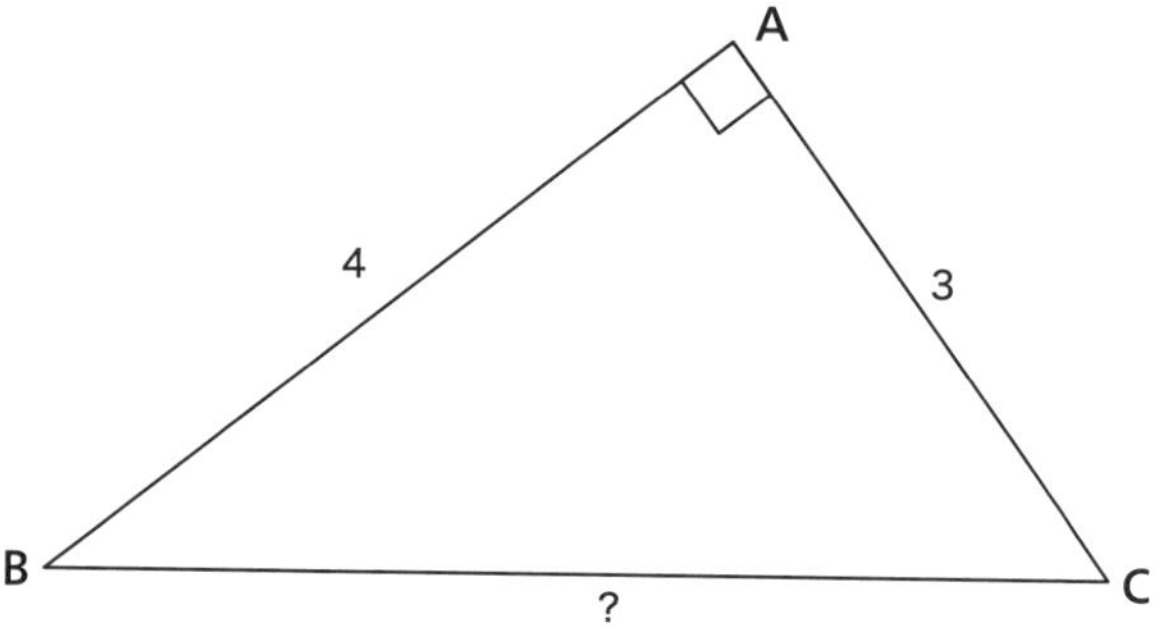

おそらく中学校の数学の先生であれば、「それではみなさん、いくつになるか考えてみましょう」と言うだろう。

しかし、僕はこれも「考える」には数え入れないことにしたい。

なぜなら、ピタゴラスの定理（三平方の定理）そのものを考えたのは、あなた自身ではなく、誰かほかの人だからである（ちなみに、この定理の発見者が、本当に古代ギリシャの数学者ピタゴラスその人であったかどうかについては、かなり疑わしいそうだ）。

では、あなたはさきほど、何をしていたのだろうか？

そう、ピタゴラスの定理という既知の知識に「当てはめた」のである。

この話を持ち出すと、「たしかにピタゴラスの定理に当てはめているだけなら、考えているとは言えないな」と納得してもらえることが多い。

しかしこれは実際のところ、STPや4Pを持ち出してマーケティング戦略を検討するのと何か違うだろうか？

それにもかかわらず、大半の人は既存のフレームワークに沿ってあれこれと思いをめぐらせては、「う〜ん、今日はビジネスをよく考えたなあ」という気分を味わっているわけだ。

何らかの公式やフレームワークなどに当てはめることと、その公式そのものを生み出すことはまったく別物であり、前者は「考える」とは言わない。

枠組みに当てはめるために必要なのは、その枠組みを知っていることである。つまり、その知識を「学ぶ」ことが条件になっている。

・学ぶ　＝　既存のフレームワークに当てはめて答えを導く
・考える　＝　自分でつくったフレームワークから答えを導く

「それって結局は、『考える』という言葉をどう定義するか次第なのでは？」という疑問を抱いた人はまったく正しい。もちろん日常レベルで言えば、ピタゴラスの定理に当てはめてみることを「考える」と呼んだっていいのである。

それにもかかわらず、本書ではなぜそれを「考える」と呼ばないのか？

競合に「勝ち続ける」には、知識では不十分

これに対する答えはきわめてシンプルだ。

「当てはめる」だけでは競合に勝てないから。

「考える」ほうが競合に勝てる可能性が高いから。

これだけである。「競合に勝つ」ということを考えた場合、「学ぶ」だけで安定した優位性を確保できる可能性というのは一般的にきわめて低い。

何より、学ぶ能力には、かなりの個人差がある。同じ教室で同じ授業を受けていたはずなのに、テストの点数に残酷なまでの差がつくのは、そもそも生徒間で学ぶ力に差があるからだ。

学ぶのが得意な生徒は、さほど苦労せずに高得点を獲得するが、そうではない生徒が競合に勝とうとすると、かなりのリソース（勉強時間、塾や教材の費用）が必要になる。

また、学ぶことによって得られる優位というのは、非常に不安定でもある。ピタゴラスの定理を知っている中学3年生は、これをまだ知らない中学2年生に対して優位にあるが、そのような差は容易に埋められる。

それと同様に、STPや4Pを学んで同僚に差をつけたつもりになっても、彼らが同じことを学んでしまえば、あなたの優位は一瞬にして崩れる。

「学ぶ」ことで獲得した優位は脆い

もっとわかりやすい競争の場面として、学生の就職活動を考えてみよう。

下のフレームワークは、毎年多くの学生に読まれている『ロジカル面接術』(WAC)という就職面接本のエッセンスをまとめたものだ。

採用面接で必要になる基本的戦略

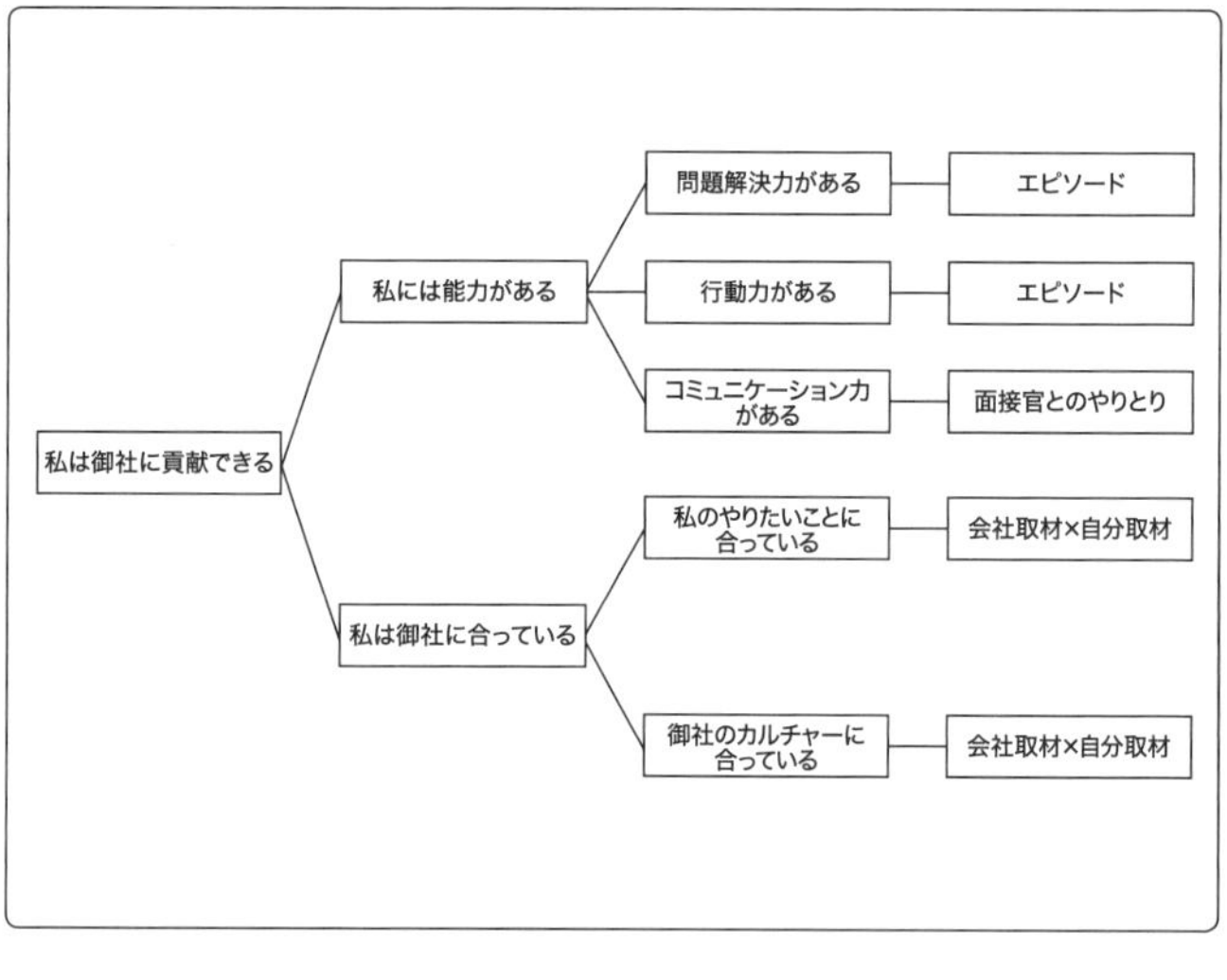

　このフレームワークに沿って受け答えすれば、学生たちはかなりの確率でいい結果を残せるが、これ自体は学生たちが考えたものではない（この本の著者である僕が考えたものだ）。

　ただ、ほかの学生もこれを学んでしまえば、スタート地点は同じになる。あとはこのフレームの中に入れられる中身の勝負になるので、なかなかライバルとの差を埋められない学生も出てくるだろう。

　一方、このフレームワークそのものを生み出した本書は、２００１年に出版されて以来、就職面接本のマーケットで生き残り続けている。なぜ容易に競合に追い抜かれないかといえば、これが「考える」の産物であり、一定のオリジナリティを持っているからだろう。

　僕が本書で語るのは、競合に勝つことを目的にした「考える」だ。

　フレームワークに当てはめること、つまり、枠組みの知識を「学ぶ」こととは厳密に区別しておきたい。僕がさきほど「手軽なツールを知りたい人には期待はずれかも……」と語ったのも、このような事情があるからにほかならない。

「考える野蛮人」が跋扈する時代が始まった

時代の変わり目には「学ぶ」から「考える」に価値がシフトする。

たとえば戦国時代などというのはその典型だ。いかにして相手に勝つか、考えに考えて考え抜いた者だけが生き残る。

豊臣秀吉が朝鮮出兵をした際に、大勢の捕虜を連れてきたことはよく知られている。その中には、朝鮮の高級官僚たちもいた。彼らは中国から取り入れた科挙制度を通過した超エリートたちである。

連れて来られた彼らは、秀吉の家臣らに謁見《えっけん》した際に、こんな感想を抱いたという。

「こんな学識のない野蛮人どもがのさばり、天下をとっているとは……なんという国だ！」

戦国の世では知識はほとんど役に立たない。もちろん武力があるに越したことはないが、それだけでも生き残れない。「考える力」で勝った者が生き残る。

学力や科挙のヒエラルキーを絶対視していた朝鮮の役人たちからすれば、なぜ学識のない人間が日本を支配できているのかをまったく理解できなかったのである（参考　山本七平『危機の日本人』角川ｏｎｅテーマ新書）。

下剋上の世というのは、そういうものである。生まれによって固定されていた身分も、ひとたび戦乱の世に入れば、急速に流動化する。

そこで基準となるのは、徹底した思考に裏打ちされた武力だけであり、逆にそれさえあれば、秀吉のような田舎の下層民でも、天下人にまで成り上がることができるのである。

いまの日本もこれと似たような状況にある。

かつて個人やその家族の一生を決定づけるほどの重みを持っていた学歴――その壁は、もはや思考力によって容易に乗り越えられる。いわば**知的下剋上**の時代である。

いま「思考力のある人材」が密集する業界とは？

日々、大手企業の社員・幹部に論理思考をレクチャーしている僕も、改めて自分の「考える力の足りなさ」を実感させられる機会が2年ほど前にあった。

その何よりものきっかけは、お笑い芸人の方々と仕事をご一緒する機会が増えたことだ。「ロンドンブーツ1号2号」の田村淳《あつし》さんがメインコメンテーターを務める情報系テレビ番組にレギュラーコメンテーターとして出演することになった僕は、お笑い芸人の方々の仕事ぶりを間近で見て、心底驚かされたのである。

灘高や東大にいたころ、いわゆる「頭がいい友人」はまわりにたくさんいた。博報堂時代にマッキンゼーの人たちと仕事をしたり、その後ボストン コンサルティング グループ（BCG）で働いたりする中でも、圧倒的な思考力の持ち主たちと仕事をしてきたつもりだった。

しかし、テレビに出ているお笑い芸人の方々というのは、そうした頭脳の持ち主たちと同程度、あるいはそれ以上に、徹底的に物事を考え抜く姿勢を持っている。田村淳さんもそうだが、同じ吉本芸人である小藪千豊《こやぶかずとよ》さんなども「考える人」の典型である。

ひと回り以上年下の彼らと楽屋で雑談するときですら、僕はこれまでにない緊張感を味わっていた。深く考える習慣をわがものとしている彼らの前に立つと、「下手なことを言えない」という意識が働くからだ。

「芸人＝思いつきで気の利いたことを言うだけの仕事」というようなイメージを持っている方も多いと思う。だが、僕の実感では、テレビに出ているお笑い芸人の大半は、かなり優れた思考力を持っている。

ひと昔前であれば、考える力がある人たちは戦略コンサルだとかコピーライターのような業界に集中していた。しかしいまは事情が違う。いまの日本で最も「考える人材」が密集しているのは、お笑い芸人業界である――そう断言してしまいたくなるほど、彼らの思考重視の姿勢は際立っている。

本書執筆の最中に、ピースの又吉直樹《またよしなおき》さんが芥川賞を受賞したが、これは出版社側のさまざまな思惑を差し引いたとしても、さほど不思議なことではないのである。また、「元芸人」の経歴を持つ人が、ビジネスで成功している事例を、僕はいくつも知っている。

「頭がいい人」の条件が変わった!!

もちろん彼らの多くは、一般的な意味での「頭のいい人」ではない。最近でこそ有名大学を卒業した芸人も増えているが、ほとんどは学校で勉強ができなかったタイプであり、「学ぶ」ことにさほど優位性があったわけではないだろう。

ただ「考える」という一点を研ぎ澄まして、芸能界をのし上がっているのだ。

こうした人を「頭がよくないけれど、考えるのがうまい」と評するのは、ややミスリーディングだと思う。むしろ、これまでの「頭がいい人＝学ぶのがうまい人」から「頭がいい人＝考えるのがうまい人」へと知の条件が変化したと考えるべきだろう。

たとえば、エリート一家の鳩山家。自民党初代総裁・鳩山一郎の長男である威一郎《いいちろう》さんは、東京帝国大学法学部を主席で卒業し、大蔵省に入省した人物である。その長男が、東大工学部を卒業後、スタンフォード大学で博士号を取得した鳩山由紀夫《ゆきお》元総理。

その弟である鳩山邦夫《くにお》さんも、高校生のときに現役生として初めて駿台模試で全国1位を獲得した秀才で、東大法学部在籍時もトップクラスの成績を収めたという。

「宇宙人」と評される由紀夫さんがクローズアップされがちだが、過去複数回にわたって閣僚を経験している邦夫さんこそ、まさに典型的なエリートなのだ。

鳩山邦夫さんは「勉強をするときには最大のムダを省くべきだ」と語っている。勉強ができない人というのは、何か余計なことをしているというわけだ。では、その「最大のムダ」とは何なのかというと、じつはそれが「考えること」なのだそうだ。

彼は受験生時代に、友人が数学の参考書を見ながら、問題が解けずに唸っているのを見て、自分のやり方が特殊なのだと気づいた。というのも彼は、それまで参考書を買った経験がなく、いつも問題を立ち読みしたらすぐに答えも見るようにしていたからだ。問題がわからなくて考えている時間ほど無駄なものはないので、とにかく解答・解法をインプットするようにしていたというのである。

もちろん、このやり方で全国1位になれる理解力・記憶力には驚くほかないが、逆に言うと、これだけで「いちばん頭がいい受験生」になれてしまうのが、従来の日本だったということだ。

いかに「考える」ことをやめ、「学ぶ」ことに徹するか――それが、これまでの「頭がいい人」の条件だった。

しかし、いまはどうだろうか？　たとえば、ＮＨＫの番組にお笑い芸人が出演しない日はない。民放と比べて「知の担い手」というカラーの強かったＮＨＫが、芸人を出演者に起用し始めたのは、求められている知のスタイルが大きく変わったからだろう。

つまり、学力におけるトップランナーよりも、思考力におけるプロフェッショナルが求められているというわけだ。「頭がいい人」の条件は、たくさんの知識を蓄えているかどうかではなく、物事を考え抜く力があるかどうかにシフトしているのである。

だからこそ大半の人は、思考力の領域で勝負するほうが賢明だ。それは芸人のような特殊な職種だけでなく、ビジネスパーソン全体に言える。実際、あなたのまわりにも、見事に知的下剋上を果たしている人はいるはずだ。

逆に、高学歴で勉強熱心であるにもかかわらず、仕事面で少なからず問題がある人もいるだろう。ひと昔前なら社内でもてはやされた人材が、いまでは、「あの人、頭はいいんだけどね……」などと影で言われているケースも増えていると聞く。

結局のところ、いまのビジネス環境で生まれる差は、「考えているかどうか」の差だ。

だからこそ、ライバルよりも優位に立ちたいという気持ちがあるのなら、中途半端なお勉強を始めるよりも、考える力を磨いたほうがよほどいいのである。

「東大卒に勝てる戦場」は存在する

こういう話をすると、こんな不安を口にする人がいる。

「そうは言っても、私、考えるのも苦手なんですよ」

そんな人は自問してほしい。これまでどおり、知識や学習の領域で勝負を続けたとして、自分にチャンスはあるだろうか、と。

「学ぶ」の戦場にとどまっている限り、その頂点には東大卒のようなエリートが必ず立ちはだかっている。もちろん、がんばって勉強すれば、彼らに追いつけるかもしれない。しかし、それには膨大なリソースが必要だし、そこまでして勝利したとしても、世の中はさほどあなたを評価しないだろう。

また、いわゆる学歴エリートである人も考えてみてほしい。いくらあなたの学ぶ力が優れていても、もはやその優位は「考える野蛮人」にいつひっくり返されるかわからない。そうであれば、知識の領域だけで満足せずに、ぜひ考える力を磨いておくべきではないか。

これまでの僕の経験からすれば、いわゆる偏差値の高い大学を出ている人でも、思考力においては凡人と変わらないというケースは少なくない。

ただ、本人が「自分は頭がいい」と思っているせいで、いつまで経ってもそれに気づかないだけだ。さらには、考える力が本当はあるのにもかかわらず、なまじ勉強での成功体験があるせいで、何か失敗したときでも「勉強不足だった」という思い込みから抜け出せない。実際には「思考不足」であっても、だ。

だから僕は、考える力を本気で磨くことをすすめる。理由は、いくつでもあげられる。

- これまで磨いていない分、あなたの思考力には「のびしろ」がある
- 知識志向を抜け出せないライバルに対して「差」をつけやすい
- 知識は膨大で複雑。思考の本質は「シンプル」

そう、考えるということの本質はシンプルなのだ。

思考力を磨くという道は、多くの人に開かれている。まずは思考の本質をつかんで、「自分は本当に思考できているか」を判断できるようになることから始めよう。

アイデアの戦場は「しまった」が9割である

では、思考力で競合に打ち勝つというのは、そもそもどういうことなのだろうか？　それは思考の成果、つまり発想（アイデア）において、相手よりも優位に立つことである。逆に、発想においてライバルに負けるときには、次の3パターンしか存在しない。

① 自分も発想していたが、競合のほうが実行が早かった
② 自分も発想し得たが、競合のほうが発想が早かった
③ 自分にはまず発想し得ないくらい、競合の発想が優れていた

このうち、①はいわば「実行面の敗北」である。アイデアの発想に至るまでのスピードは同じくらいだったが、それを実現するまでの時間で、敵に先を越されたというパターンだ。そう、ビジネスはスピードである。

また、③はいわば「完敗」である。これは、競合がアウトプットした発想が、あなたが発想し得たすべてのアイデアよりも優れており、たとえどれだけ時間があったとしても勝ち目がなかったことを意味している。

これに対して、②は「惜敗《せきはい》」とも言うべき敗北だ。つまり、与えられた時間がもう少し長ければ、あるいは、もう少しがんばって考えていれば、あなたも発想し得たアイデアを、相手が先に思いついてしまったというケースである。

回避するなら「いちばんくやしい敗北」

この3つの敗北のうち、思考力による逆転が有効なのはどれだろうか？

そう、言うまでもなく②の敗北である。

発想における敗北の3パターン

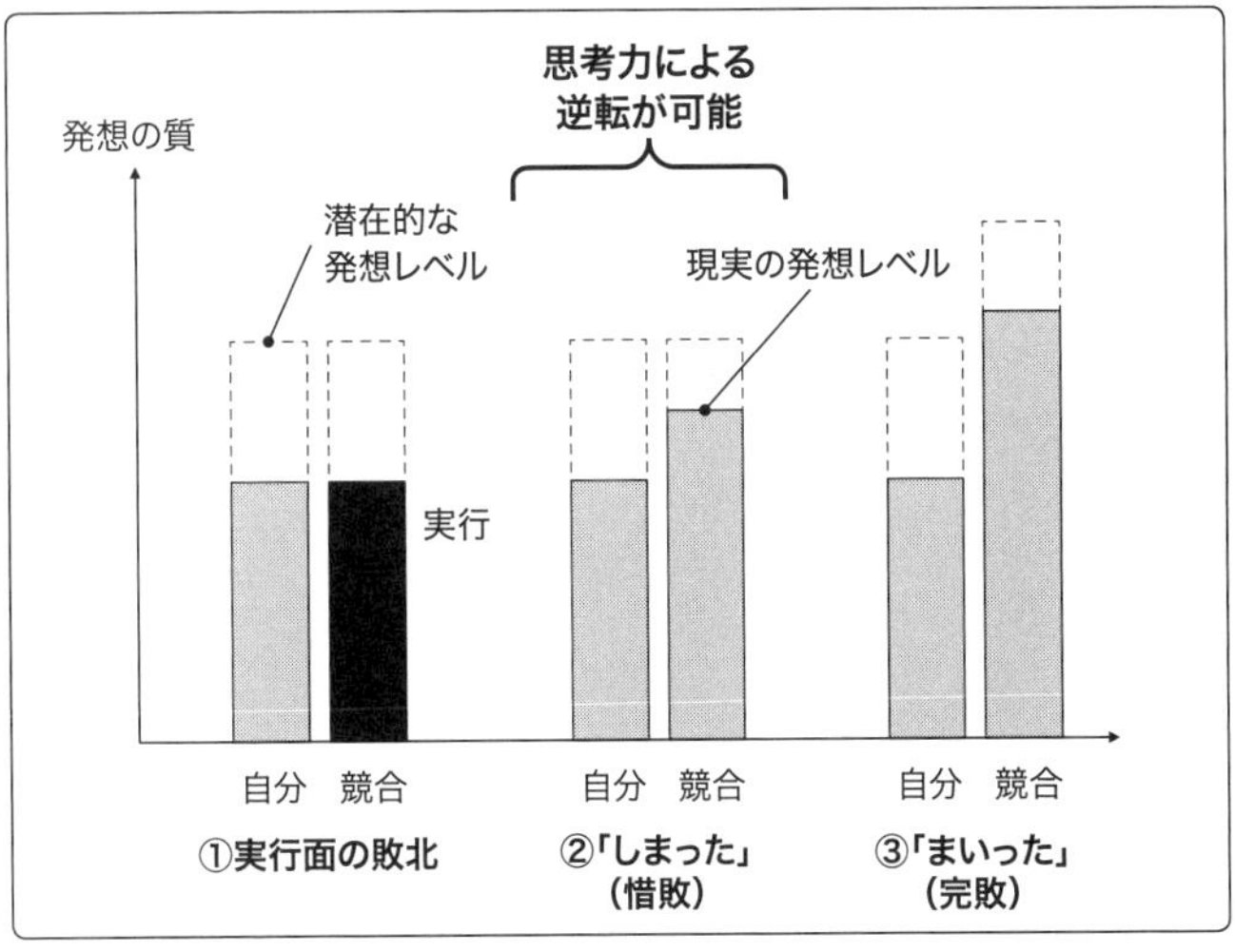

①の実行面の敗北にはさまざまな要因がありうる。個人や組織が活用できるリソース（ヒト・モノ・カネ）に限界があって、競合のほうが速く実現に動けたのかもしれないし、上司や役員の決済が遅れたせいで他社に先を越されたのかもしれない。

こうしたことが原因である場合、思考力がこの敗北に介在する余地はない。

また、③の敗北は回避が難しい。感情面でも「今回は勝ちようがなかった」という感想が先行するため、この種の敗北をなんとかしようというモチベーションは、なかなか湧いてこないだろう。

ほかの2つとは対照的に、②の敗北はそもそも「回避できたはずのもの」である。

あなたも相手と同レベルのアイデアを発想し得たはずなのに、現実にはそれより低いレベルのアイデアしか出てこなかった。

なぜそうなったのかといえば、それはあなたに「考える」が不足していたからである。

かくして、③の圧倒的敗北がある種の清々しさを伴うのに対し、②の敗北はいつも苦々しい感情と一体である。

本書では、③を**「まいった」**、②を**「しまった」**と呼ぶことにしよう。

この概念は、本書全体のカギとなるものなので、もう一度43ページの図を見てしっかりと整理しておいてほしい。

ここからの話がターゲットにしているのは、この「しまった」の敗北をいかに減らすかである。

裏を返せば、「ああ、その手があった……くやしい！」とライバルに地団駄を踏ませるアイデアをいかに引き出すか――その一点をめがけて話を進めていくことにしたい。

どの戦場でも「しまった」が圧倒的に多い

一方、こんな感想を持つ読者もいるかもしれない。

「なんだ、3つの敗北のうち、思考力で改善できるのはたった1つだけなのか……」

しかし、ガッカリしないでほしい。なぜなら9割以上の敗北は「しまった」によるものだからである。ビジネスの戦場に限らず、ほとんどの競争は、本質的に「しまった」の思い合い、思わせ合いなのである。したがって、「しまった」を避けることこそが、あなたの勝率を高めるための最短ルートである。

なぜそう言えるのか？

人は「自分と同じ潜在レベルを持った人たちがいる戦場」に集まるからだ。

これは決して発想の戦場だけでなく、あらゆる戦場について言えることである。

元メジャーリーガーの野茂英雄《のもひでお》投手を例に説明しよう。

プロ野球で活躍する以前、彼は新日鉄堺という実業団のチームに所属していた。当時、アマチュアの選手たちは、プロ級の剛速球と鋭く落ちるフォークを武器としていた野茂投手をまったく打ち崩せなかった。バッターたちからすれば、完全なお手上げ状態であり、野茂投手は三振の山ならぬ「まいったの山」を積み上げたのである。

当然ながら、野茂投手にはプロ野球の世界からも声がかかった。近鉄バファローズ（当時）に入団してからも彼の実力は突出しており、なんと新人の年から4年連続で最多奪三振、最多勝利のタイトルを獲得。ここでもやはり、多くのプロ選手が「まいった」という状態だった。

このように、競合の「まいった」をあまりに多く引き出してしまうプレーヤーは、より上位の戦場に移ることになる。「しまった」「まいった」の頻度がバランスする戦場、つまり、潜在的なパフォーマンスレベルが同程度のプレーヤーが集まる場所を選択するものなのである。

実際、野茂投手も日本のプロ野球を飛び出して、よりレベルが高いとされていたアメリカのメジャーリーグに挑戦した。メジャーリーグという戦場に行って初めて、野茂投手も「しまった」と思い、思わせる機会のほうが多くなったのである。

戦場と「しまった／まいった」の関係

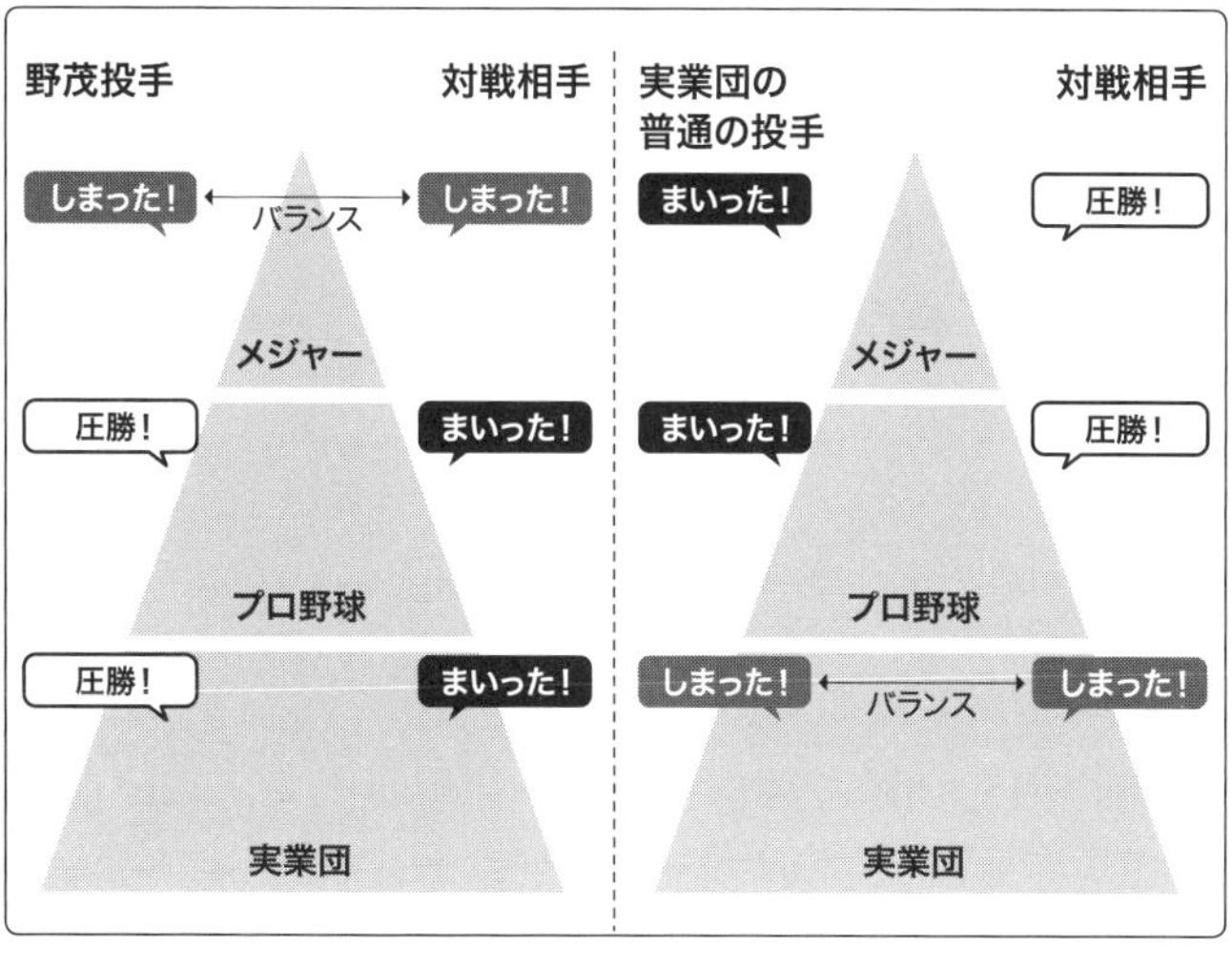

なぜ「できる人」から他社に転職していくのか？

発想の戦場での例も見てみよう。

たとえば、アインシュタインの相対性理論。これは画期的な理論の代表格であるかのように言われている。

しかし、専門家によれば「特殊相対性理論は、アインシュタインが理論化しなくても、2〜3年以内には誰かが理論化していた」と言われているそうだ。

つまり、アインシュタインのアイデアですら、彼と戦場を同じくしていた第一線の物理学者たちからすれば、「しまった」だった可能性があるということだ。

もっと身近なところでは、学校や職場というフィールドでも、同じ調整力が働いていることに気づくだろう。似たような偏差値レベルの人が同じ大学に集まり、似たようなレベルの学生たちが同じ会社に集まっているはずだ。

会社の中で圧倒的な結果を出し続け、まわりの人に毎回「まいった」と言わせている人がいれば、その人はいずれ他社へと転職したり、独立起業したりする可能性が高い。つまり、自分のレベルに合った戦場に進むことになるのである。

人がなぜ一人勝ちをする環境に安住せず、わざわざライバルと競り合うことになる戦場を選ぶのかといえば、理由は簡単である。

そのほうが得られるリターン（富・名誉）が増えるからだ。その結果、どの戦場においても、「しまった＝9割以上」が常態となるようなダイナミクスが働く。

逆に言えば、「まいった」の割合は、どこの戦場でもそれほど多くはない。

だからこそ、まずは「しまった」を減らすことこそが、あなたの勝率を高めるうえで最も効率がいいのである。

「天才の思考」に近づく、たった1つの冴えたやり方

では、「しまった」の敗北は、どうすれば減らせるだろうか？

これは「自分も発想し得たが、競合のほうが発想が早かった」ことによる敗北だった。そう、ポイントは「競合のほうが発想が早かった」という部分である。

それでも「アイデアマン」が勝つ理由

たとえば、ある企画に関してライバル会社であるA社とB社でコンペになったとしよう。どちらの会社もリソースは互角で、与えられた時間も等しく2週間あったとする。

しかしコンペの結果、採用されたのはB社の企画だった。とはいっても、B社はずば抜けて素晴らしいアイデアを出したというわけではない。率直に言えば、A社が提案していてもおかしくない堅実な案だった。

だからこそ、A社のメンバーは歯噛みしてくやしがった。「なぜうちはあの程度の企画を出せなかったんだ！」と上層部もカンカンである。まさに「しまった」の典型だ。

なぜこの差がついてしまったのだろうか？

じつはA社の社内会議の段階では、下図にあるとおり、3つのアイデアが検討されていた。そして、その中で最も質が高そうな「c案」がコンペにかけられた。

一方、B社の社内会議でも「c案」は候補としてあがっていた。しかし、これを含めて全部で9つの案が検討されており、最終的には最も質が高そうな「h案」で勝負をかけることにした。

いざコンペで負けたときに、A社が「しまった!!」と感じるのは、自分たちも「h案」を発想できたはずだったと

発想の量が発想の質である

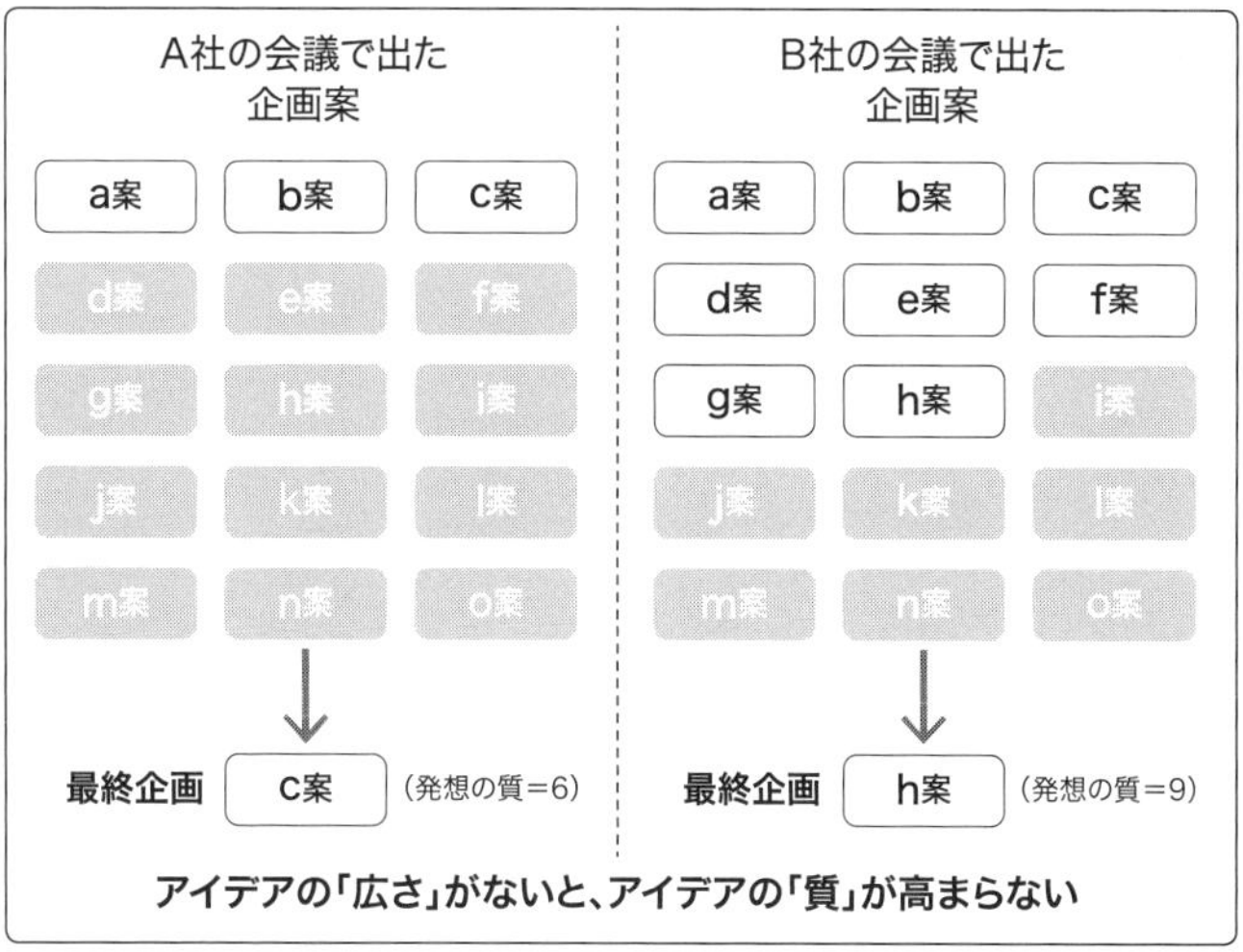

思うからである。それなのに、なぜアイデアが出てこなかったかといえば、それは発想を広げるのを途中でやめてしまっているからである。

スピードが速ければ速いほど、発想の質は高まる

「ビジネスはスピードである」と言われる場合、通常は企画立案・戦略策定からその実行までのタイムラインが念頭に置かれている。ここでもたついた結果が、前述の①「実行面の敗北」だった。

これに対して、A社の「しまった」は、発想の遅さに起因している。両社に与えられた時間は同じ2週間だったはずだ。ということは、A社は「0・21企画/日」のスピードで発想していたのに対し、B社の発想スピードはその3倍「0・64企画/日」だったということになる。

このように、アイデアの発想スピードが遅いと、同期間内に提出されるアイデアの総量が少なくなり、結果としてアイデアの質は低下する。

アイデアの質を高めたければ、発想を広げ、発想の総量を増やすことが重要なのだ。

つまり、ここでも「ビジネスはスピードである」という定式が成立するのである。

だが、「発想のスピードが大切だ」という話をすると、こんなことを言う人がいる。

「スピードも大事ですけど、やっぱりアイデアは質が大切ですよね」

これが一般的なイメージだろう。

つまり、アイデアの質とそれを生み出すのにかかる時間の長さは（少なくとも一定範囲においては）正比例しており、いいアイデアを出すためなら、多少時間がかかっても仕方がない、と考えられているのだ。

しかしこれは正しくない。前述のとおり、「発想のスピードを上げること」とは「発想の質を高めること」に直結するのである。

「ボツアイデア」が多い人ほど、クリエイティブである

博報堂にいたころには、僕もずいぶんとたくさんのコピーライターと仕事をした。糸井重里《いといしげさと》さんだとか仲畑貴志《なかはたたかし》さんのような超一流の方から、まだ駆け出しの「コピーライター見習い」のような人まで、じつに幅広くおつき合いする機会があった。

その中で気づかざるを得なかったのは、やはり「アイデアの質の高さ＝アイデアの量の多さ」であり、一流と言われる人ほど発想量が多いということである。

たとえば僕が、「来週までにこのテーマで、100本コピーを書いてきてください」と注文したとき、トップクラスのコピーライターというのは、本当に100本のコピーを仕上げてくる。おそらく普段から発想を広げる習慣があるから、発想の数を増やすことが苦にならないのだろう。

逆に、こう言ってはあれだが、三流、四流のコピーライターというのは、まず間違いなく100本書いてくることはない。何かあれこれと理由をつけて、「いいアイデアだけを厳選しました」と嘯《うそぶ》くのである。

だが、その中に光るコピーが見当たるかというと、まずそういうことはない。

要するに、三流の「自称クリエーター」ほど、ひらめきの力を過信しており、自分は質の高いアイデアをポンと出せると思い込んでいるのである。だから、彼らに「なぜこのコピーがいいのですか？」と質問しても、「なんとなく、これってセンスよくないですか？」というような答えしか期待できない。

一方、優れたアイデアを出せる人は、自分の直感力に信頼を置いていない。一流のクリエーターほど、愚直に考えて発想の数をギリギリまで増やしているのである。

だから彼らは、アイデアに対するアカウンタビリティー（説明能力）も高い。

「なぜこれがいいのか」を言葉でクライアントに説明しなければならない広告代理店の側からすれば、これほど仕事がしやすいことはない。

「なるほど、こういう人に依頼が集中するわけだ」と納得したのをよく覚えている。

天才ほど多作であり、駄作の山を築いている

「アイデアの質の高さ≒アイデアの量の多さ」を何より体現しているのが、**天才**と呼ばれる人たちである。

たとえば、トーマス・エジソン。電球、蓄音機、トースターなどを発明し、1100を超える特許を取得した発明王である。まさに直感力に優れた人物だと思いがちだが、彼は3500冊のノートを書きつぶしたと言われている。

つまり、後世に残るような彼の発想というのは、膨大なボツアイデアを裾野《すその》とする巨大な山の、ほんの小さな頂点でしかないのである。

芸術家のパブロ・ピカソは、92歳まで長生きしたということもあるが、生涯で2万点以上の絵を描いた。芸術作品という範疇《はんちゅう》では、作品数は10万点を超える。

16歳でデビューした漫画家の手塚治虫《てづかおさむ》さんも、作品数は1000を超えると言われている。手塚漫画というと、多くの人が『鉄腕アトム』『火の鳥』『ブラック・ジャック』といった名作を思い浮かべるが、じつはその影には、それほど売れなかった作品が膨大にあるということだ。

天才にはさまざまな定義があり得るが、僕は以前から「早熟かつ多作であること」を天才の条件だと考えている。つまり、発想の幅が極端に広いために、アイデアやアウトプットの総量が異常に多くなる人のことを、僕たちは天才と呼んでいるのではないか。

裏を返せば、僕たち凡人はふつう、発想の幅を自由に広げられないということだ。何らかの邪魔が入ることによって、僕たちのアイデアは狭くなってしまい、結果として「しまった」が起きてしまう。

では、どうして僕たちの発想は広がったり、広がらなかったりするのだろうか？

なぜB社は9つの案を発想できたのに、A社は3つしか案が出てこなかったのだろうか？

なぜ「人気1位のパン」を問われて、発想が食パンにまで広がらなかったのだろうか？

次の章ではそれを考えていくことにしよう。

が、その前に、次ページに演習問題を用意したので、チャレンジしてみてほしい。

それでは、よーい、スタート。

演習問題

スタートからゴールまで
最も早くたどりつくルートは？

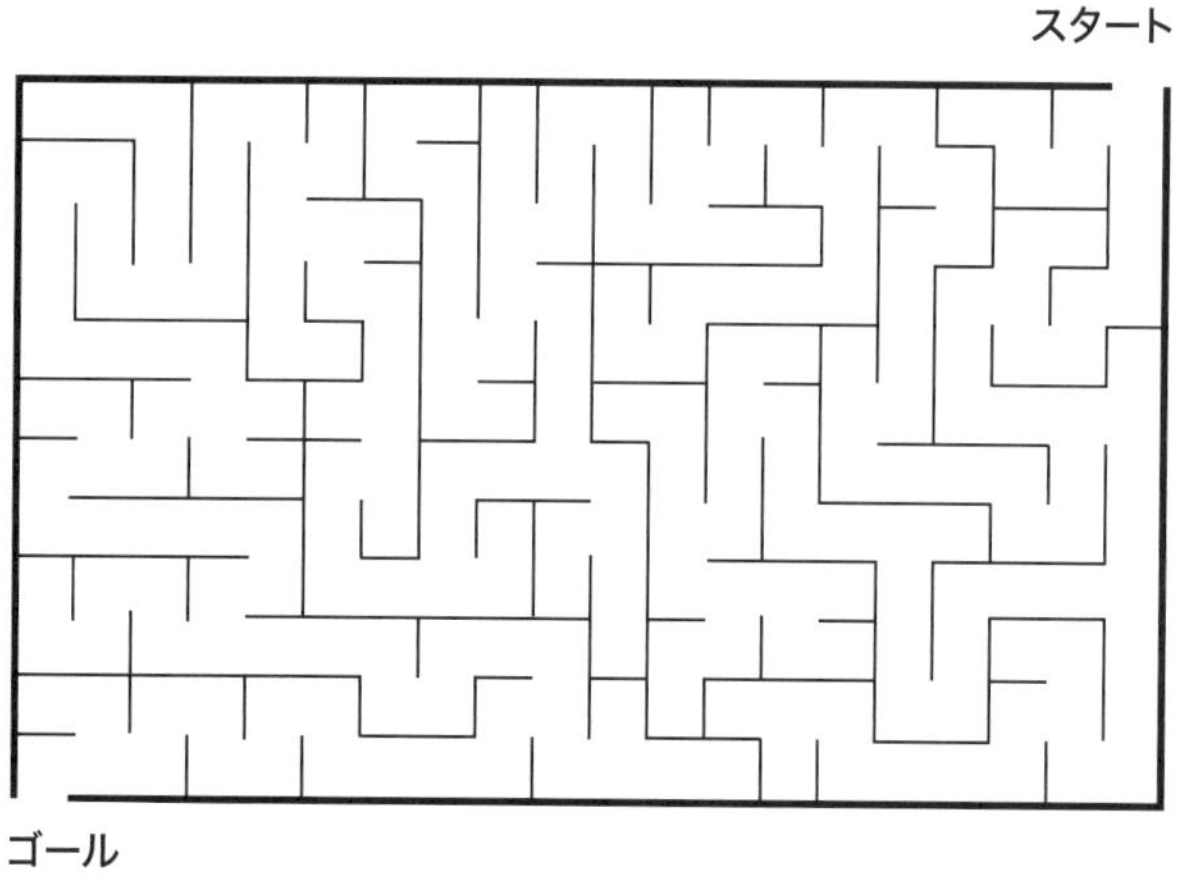

第2章

思考の幅を広げる

アイデアの「孫悟空」にならない、唯一可能な方程式

「バカの壁」があるから、発想が広がらない

さて、演習問題はどうだっただろうか？

答えを見つけるまでに、どのくらい時間がかかっただろうか？

1分？　30秒？　15秒？

だとしたら残念ながら、時間がかかりすぎだ。

思考力がある人なら1秒あれば十分だ。

スタートからゴールまでを直線で結んでしまえばいいからである。

問題文にはあれが迷路だとはひと言も書かれていない。だから、律儀《りちぎ》に特定のルートをたどる必要などないのだ。

「ゼロベース思考」は単なる理想論である

少々意地悪な演習だが、「先入観なしに思考するのは難しい」という話をする際に、よく引き合いに出される類の事例である。

もしかしたら、以前にほかの本や研修などで、この演習をやった経験があるかもしれない。そういう人はスタートからゴールまでを直線で結んだだろうが、それもある意味では既存の知識に基づく発想である。

ビジネスにおいては、この種の思い込みを排除した考え方、いわゆる「ゼロベース思考」が必要だと言われることがある。知識や経験、常識にとらわれると、視野が狭くなってしまうというわけだ。

しかし、僕の経験から言えば、ゼロベース思考を実行に移せる人はほとんどいない。

また、「ゼロベースで考えろ＝常識にとらわれるな」というメッセージだと受ける人がいるが、これは実際のビジネスにとってはかなり有害である。

ビジネスの世界には「有益な常識」もたくさん存在するからである。先輩方が築いてきた経験や知識を無視するのは、時として変革につながるが、たいていは現場の混乱を招くだけだ。

とはいえ、そうした思い込みが、発想を広げる妨げになっているのは事実だ。

では、僕たちが気をつけるべき思い込みとはどういう性質のものであり、どうすれば回避できるのだろうか？

孫悟空が見落としていた2つのこと

一旦、迷路のはなしを離れよう。次に考えたいのが、『西遊記』のエピソードである。暴れザルだった孫悟空が、お釈迦様にケンカを売る場面をご存知だろうか？

觔斗雲《きんとうん》を手にした悟空は、「俺は宇宙の果てまでも飛んでいけるんだ」と豪語する。お釈迦様が「ではやってみなさい」と答えるや否や、悟空はものすごいスピードで觔斗雲を飛ばし、宇宙の果てを目指す。

ずいぶん遠いところまで来て「もうそろそろいいだろう」と思っていると、目の前に巨大な5本の柱が立っていたので、悟空はそこに自分の名前を書く。

戻ってきた悟空にお釈迦様は「お前はどこまで行ったのですか？」と聞き、悟空は得意万遍の笑みを浮かべて「宇宙の果てまで行ったんですよ」と答える。すると、お釈迦様は「お前が行ってきた宇宙の果てというのは、これのことですか？」と言って、自分の指を見せるわけだ。

そこに見覚えのある名前が書かれているのを目にした瞬間、初めて悟空は気づく。自分はお釈迦様の身体のまわりを飛び回っていただけで、その外の世界には一歩も出ていなかったのだ、と。

発想がある一定のところから広がっていないとき、僕たちは孫悟空とまったく同じような状況にある。その特徴は、2つのことに気づいていないということだ。

① 限られた範囲の「内」を考えている（飛んでいる）ことに気づいていない

② その範囲の「外」があるということに気づいていない

迷路の例に立ち戻れば、こういうことになる。

①「これは迷路である」という前提の下で考えていると気づいていない
②「これは迷路ではない」という前提の下でも考えられると気づいていない

当然のことながら、この2つの無自覚の状態というのは表裏一体である。つまり、自分のいまの思考の範囲を意識していないからこそ、①ある範囲の「内」だけを考えていることにも気づけないし、②その範囲の「外」が存在するということにも気づけないのである。

どんな思考にも、この「無意識の空白」がある。より正確に言えば、意識されていないのだから、「そこに空白がある」ということにも気づかない。

バカとは「自分のバカさ」が見えていない状態

こうした事態を引き起こすものの元凶に、解剖学者の養老孟司《ようろうたけし》さんは見事な名前をつけている。

500万部を超えるベストセラーのタイトルにもなった**「バカの壁」**である。

「壁」というのは、思考の対象になっている範囲（こちら側）となっていない範囲（向こう側）とを隔てるもの、「バカ」というのはその壁が「見えていない・意識されていない」ということを意味している。

発想がうまく広がらず、競合に先を越されて「しまった」を味わうとき、必ずそこには思考のモレを引き起こす「バカの壁」が存在している。

つまり、アイデアの数を増やし、発想の質を高めるためには、この「バカの壁」を意識化することが欠かせないのである。

「バカの壁」が入るから「しまった」が生まれる

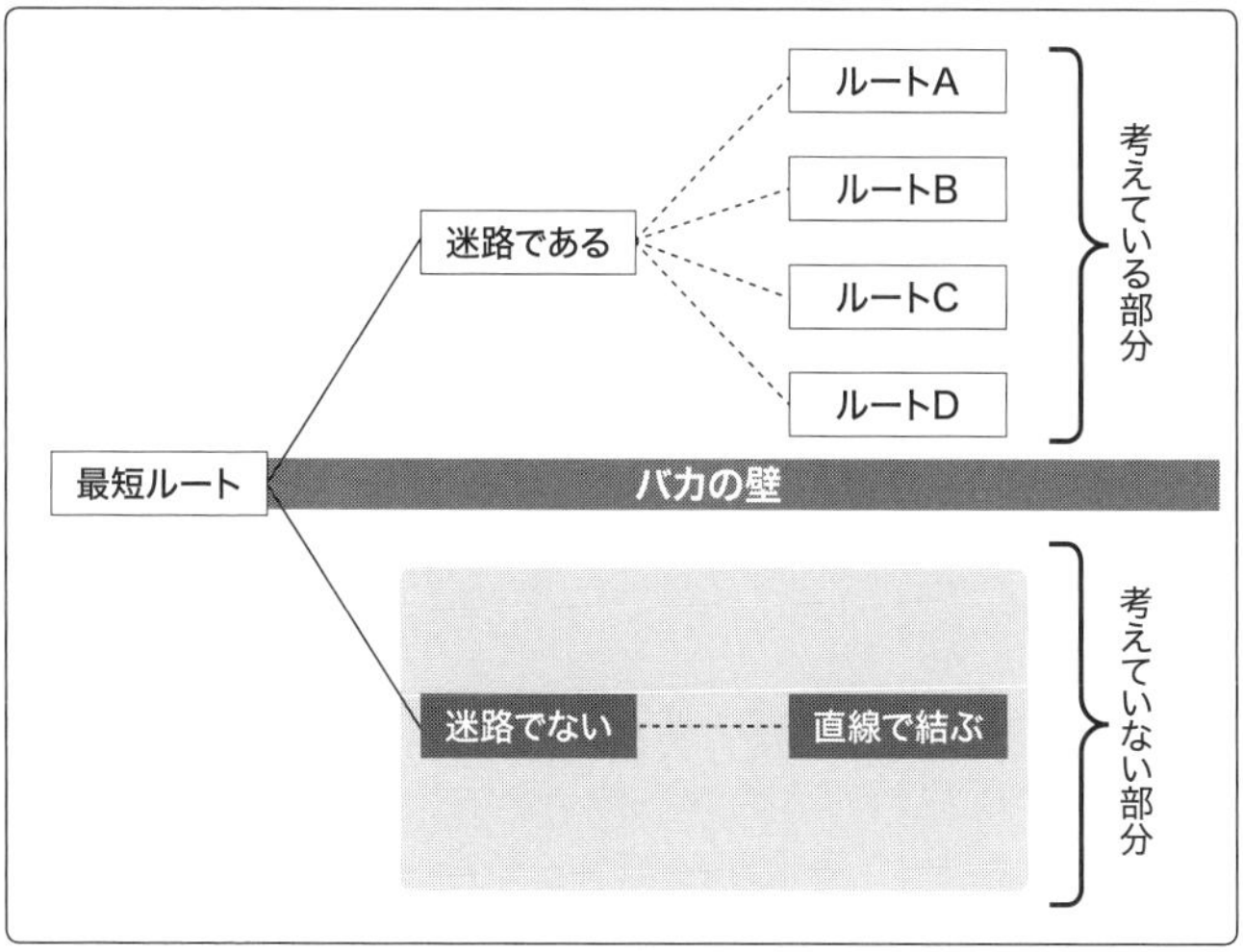

なぜ「狭く考える人」ほど、アイデアが広がるのか?

「バカの壁」の議論を踏まえて、もう一度、「しまった・まいった」の構造を考えてみよう。お菓子メーカーC社、D社があり、彼らはお互いに競合するチョコレート菓子の製品を持っているとする。ここ最近、どちらの商品も、同じように売上が落ちており、両社は戦略を再検討することになった。

C社のプロジェクトでは、商品開発グループが中心となり、お菓子の原材料や内容量、製造方法を徹底的に見直した。最近のチョコレート菓子のトレンドをリサーチし、顧客が好む風味を加えたり、手軽に食べられる一口サイズに改良したりした。

他方でD社では、同様の商品再開発を進めながらも、マーケティング部門がパッケージや商品ネーミングといった「商品の形態」の再検討を主導していった。

数カ月後、両社はほぼ同時期のタイミングに、リニューアルした商品を市場に投入する。結果は……D社の圧勝だった。C社商品の売上不振は解消せず、リニューアルの開発コストだけが積み上がることになったのである。

つい「半径5メートルの発想」に縛られる

「まさか、こんなバカな会社はないだろう」と感じただろうか？　かなり単純化した例であるのはたしかだが、この手のことは実際のビジネスでも頻繁に生じている。

C社がこうして「しまった」を経験することになったのは、広く考えることができていないからである。

つまり、自分たちが「売上不振の原因＝商品そのもの」という前提の下で考えてしまっていることに気づけなかったために、「売上不振の原因＝商品の形態」というところまで発想が広がらなかったのだ。

お菓子の売上不振の原因

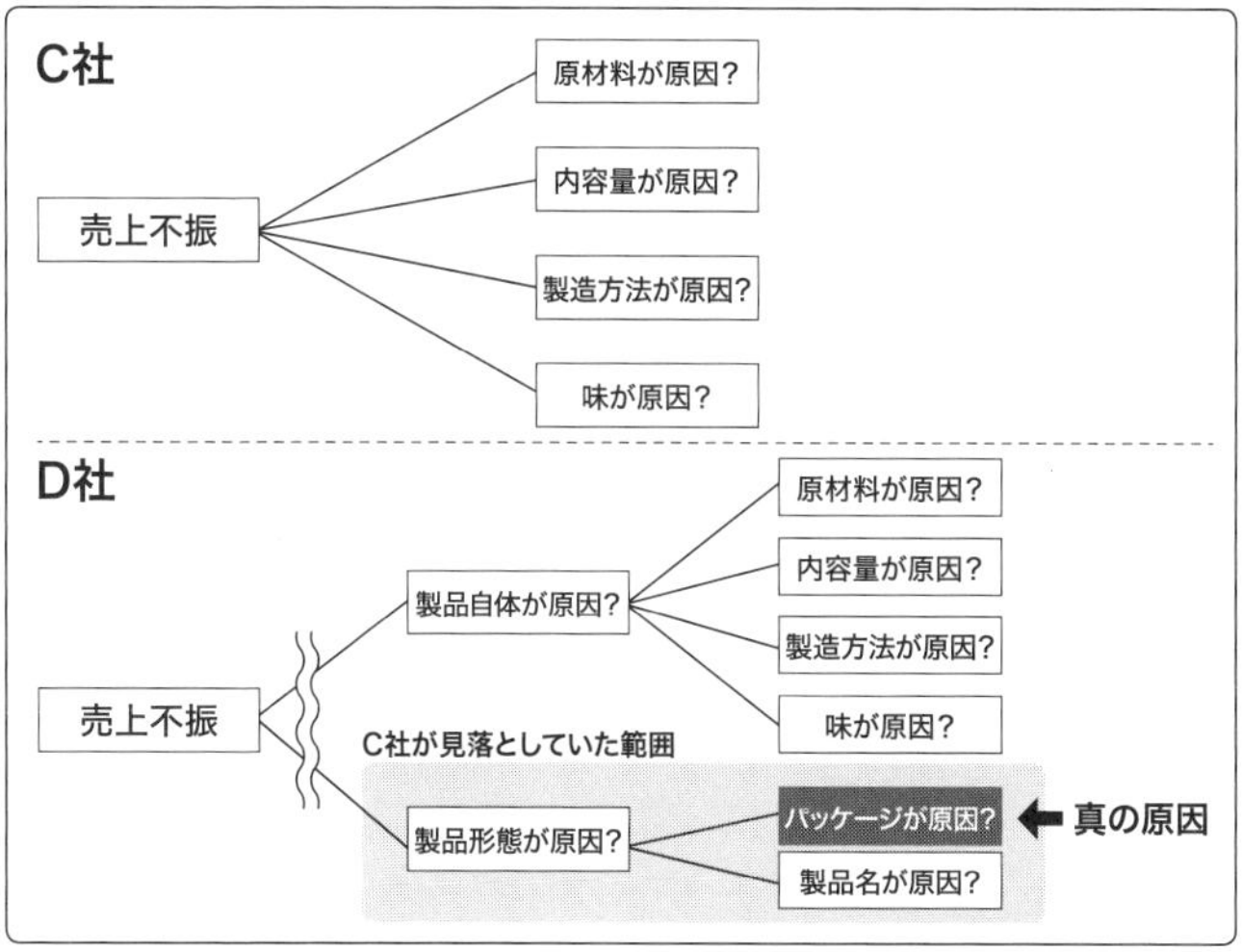

一方、D社も当初は商品そのものの見直しを進めていたが、ある段階で、自分たちの「バカの壁」に気づくことができた。つまり、「売上不振の原因＝商品そのもの」という範囲でしか考えていなかったことに気づいたため、「売上不振の原因＝商品そのもの以外」でも検討がはじまったのである。

こうしてみると、すべての「しまった」には、必ず何らかの「バカの壁」が入っていることがわかる。「自分がどの範囲を考えているか」を意識できていないために、その「外」に発想が広がっていかないのである。すると当然、最終的な発想の質も下がってしまう。

狭く、狭く、狭く考える人ほど、発想を広げられる

裏を返せば、僕たちの思考というのは、対象を意識的に絞り込めた瞬間に、グッと広がるということだ。

逆説的に聞こえるだろうか？　これについても例を見ながら説明しよう。

「世の中にはどんな自動車があるか？　できるだけ広く考えなさい」

こんな問題があったとしよう。
研修ではこんなふうに答える人が多い。

- カローラ
- クラウン
- プリウス
- ベンツ
- ＢＭＷ

また、こんな答えの人もいる。

- セダン
- ワンボックス
- ミニバン
- ４ＷＤ
- 軽自動車

ほとんどの人が、自分の知識や興味の範囲から思い思いに発想する。だが、これは果たして「広く考えている」と言えるだろうか？

このときの問題は、発想の「視点」が定まっていないことである。たとえば、「カローラ」「クラウン」「プリウス」というのは車種名だが、「ベンツ」「ＢＭＷ」というのは自動車メーカーの名前だ。後者についても「セダン」「ワンボックス」「ミニバン」がボディ形状の視点から発想されているのに対し、「４ＷＤ」とは車輪の駆動形式だし、「軽自動車」というのは排気量での分類である。

このように発想している限り、「本当に自分が十分広く発想できているか」は判断がつかない。ただ思いつきだけで発想している限り、アイデアは十分には広がらないのである。

フレームワーク思考の本質は「意識的に狭く考えること」

では、発想を広げるために、つまり、「バカの壁」を意識化するために、まず何をやるべきだろうか？

答えはシンプル。「自分がいま、何について考えているか」を明確にすればいい。発想に「バカの壁」が入っているということは、「自分が考えている範囲がすべてだ」と思い込んでいる状態にほかならないからである。

「自分が考えている範囲をはっきりさせる」ということは、その「外」に別の範囲が存在すると認めることだ。「これがすべてだとは思っていないが、いまは差し当たってこの部分にフォーカスしている」と自覚しているわけである。

これがビジネス理論などでしばしば言及される、いわゆる**フレームワーク思考**の本質的な意味だ。

つまり、フレームワーク（枠組み）をつくるということは、自分の思考を一定の範囲に限定しながら、その「外部」も同時に意識化することに等しい。

逆に、思考がフレームワークを欠いているときには、「いま思考している範囲がすべてである」という思い込みがある。だから、対象範囲の外側は、どれだけ頭をひねっても発想から漏れ出てしまう。万が一、競合の意識がそこに向かってしまえば、たちまち「しまった」を招く要因となるわけである。

もう一度、自動車の例で考えてみよう。

「どんな自動車があるか？」という質問に出会ったら、まずやるべきことは、思考の**境界線**（フレームワーク）を設定することだ。さまざまな**軸**の境界線があり得る。

- トヨタ車かどうか　（軸――メーカー）
- 200万円より高いかどうか　（軸――価格）
- 1500cc以上か未満か　（軸――排気量）
- 赤いか赤くないか　（軸――色）
- 国産車か外国車か　（軸――生産国）

このとき重要なのが、境界線が曖昧にならないようにすることだ。

たとえば「高いか高くないか（軸――価格）」というのは、発想を広げる境界線としては機能しない。すべての自動車がその境界線の内側か外側に属する、明確な分け方を探るべきである。

他方、「200万円」という境界線は明確だ。すべての車は200万円以上か未満かに分けられるからである。

ここからさらに発想を広げるには？

そう、また境界線を増やし、それぞれについてもっともっと「狭く」考えればいい。

ここで「1500cc以上か1500cc未満か（軸――排気量）」という境界線を加えてみよう（下図）。

この場合も、車は1500cc以上か、1500cc未満しかないので、モレが発生することはない。こうした作業を繰り返していくことにより、「どんな自動車があるか？」について、広く考えられるようになるのだ。

「天才に近づく方法」はある

僕たちの発想には必ず「バカの壁」が入る。だから、僕たちは、境界線を入れながら考えていくしかない。

「軸」と「境界線」を意識しながら分割する

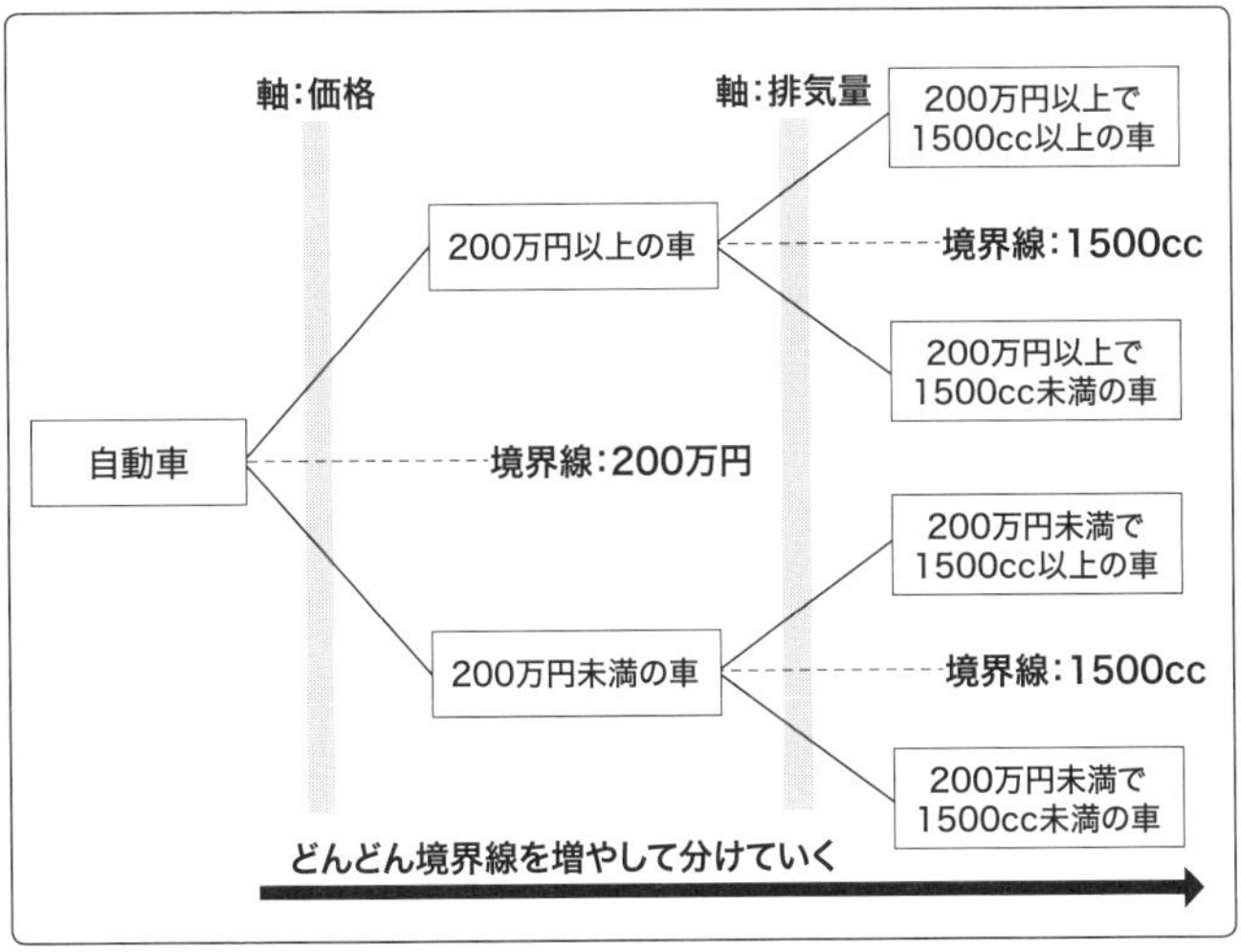

逆に、天才というのはそうした手続きを踏む必要がない人だ。すでに僕は、「天才＝早熟かつ多作（＝発想の幅が極端に広い）」という定義をご紹介した。ここでわかるのは、天才とは「バカの壁が入りづらい人」であるということだ。発想の幅が極端に広く、アイデアの総量が多いということは、「バカの壁」がきわめて少なく、無意識の見落としがほとんどないということを意味している。

世の中には「ゼロベース思考」を推奨するような書籍がたくさんあるが、基本的に僕はそういう主張にはかなり懐疑的だ。ゼロベースで思考できるというのは、「バカの壁」が入らない天才だけに許された資質だからである。

残念ながら、凡人の発想には、「バカの壁」が入るのが大前提である。

しかし気を落とすことはない。そんな僕たちでも、境界線を意識することで発想のモレを減らし、自分たちの発想を天才に近づけることはできるからだ。

発想量を決める3つの変数——素材→加工→顕在化

「発想するということの本質は、思い出すことである」という論点についても、ここで触れておくことにしよう。

古代ギリシャ哲学の大成者であるプラトンは、著作の中で「真理の認識とは、想起（思い出すこと）である」といった趣旨のことを語っている。

たとえば、ピタゴラスの定理を僕たちが正しいと認識できるということは、かつて僕たちの魂が真理の世界（イデアの世界）に存在しており、いままさにイデアを思い出しているからにほかならない——そう考えるのが最も理にかなっている、とプラトンは主張しているわけだ。

まさにイデア（idea）を語源とする「アイデア」については、多くの人が似たことを語っている。つまり、「発想するとは、思い出すことである」というわけだ。

「忘れている」には2つの意味がある

「発想する」と「思い出す」がしばしば並べて語られるのは、両者が「頭の中から何かを引き出す」という点で共通しているからだ。

一般的な意味の「思い出す」は、頭の中の情報（知識）を顕在化させることである。

一方、「発想する」とは、頭の中に潜在的に眠っているアイデアを顕在化させることにほかならない。

僕たちが「しまった」と思うのは、相手が現実に発想したアイデアを、自分も潜在的なかたちで持っていたからである。それを相手が先に顕在化した（思い出した）のに対し、こちらはそれを顕在化できなかった（うっかり忘れていた）。だからこそ、くやしい感情が湧き上がってくるのである。

ここで重要なのが、「発想のしまった＝うっかり忘れ」という点だ。

「忘れる」という言葉にも2つの意味がある。

1つは、完全に頭の中に情報がない状態。つまり、何を忘れているのか自体もわからない状況である。

もう1つが、情報やアイデアは頭の中にあるけれど、それを引き出せない状態だ。だから、それを他人が見事に引き出してみせると、「ああ、そうだった……」「そうそう、わかってたんだけどね」「ああ、しまった。なんで忘れてたんだろう……」という声が漏れてしまうのである。

一流のコピーライターがつくった名コピーや、お笑い芸人の「あるあるネタ」というのも、すべてここに含まれる。いわゆる「あるあるネタ」というのは、潜在的には僕たちの頭の中に入っているアイデアである。だからこそ、「あるある！」とついうなずいてしまうのだ。

ちなみに、プラトンも『国家』のなかで、魂は転生する前に「忘却の川」の水を口にして、前世の記憶を失うのだと書いている。

発想において問題となる「忘れている」

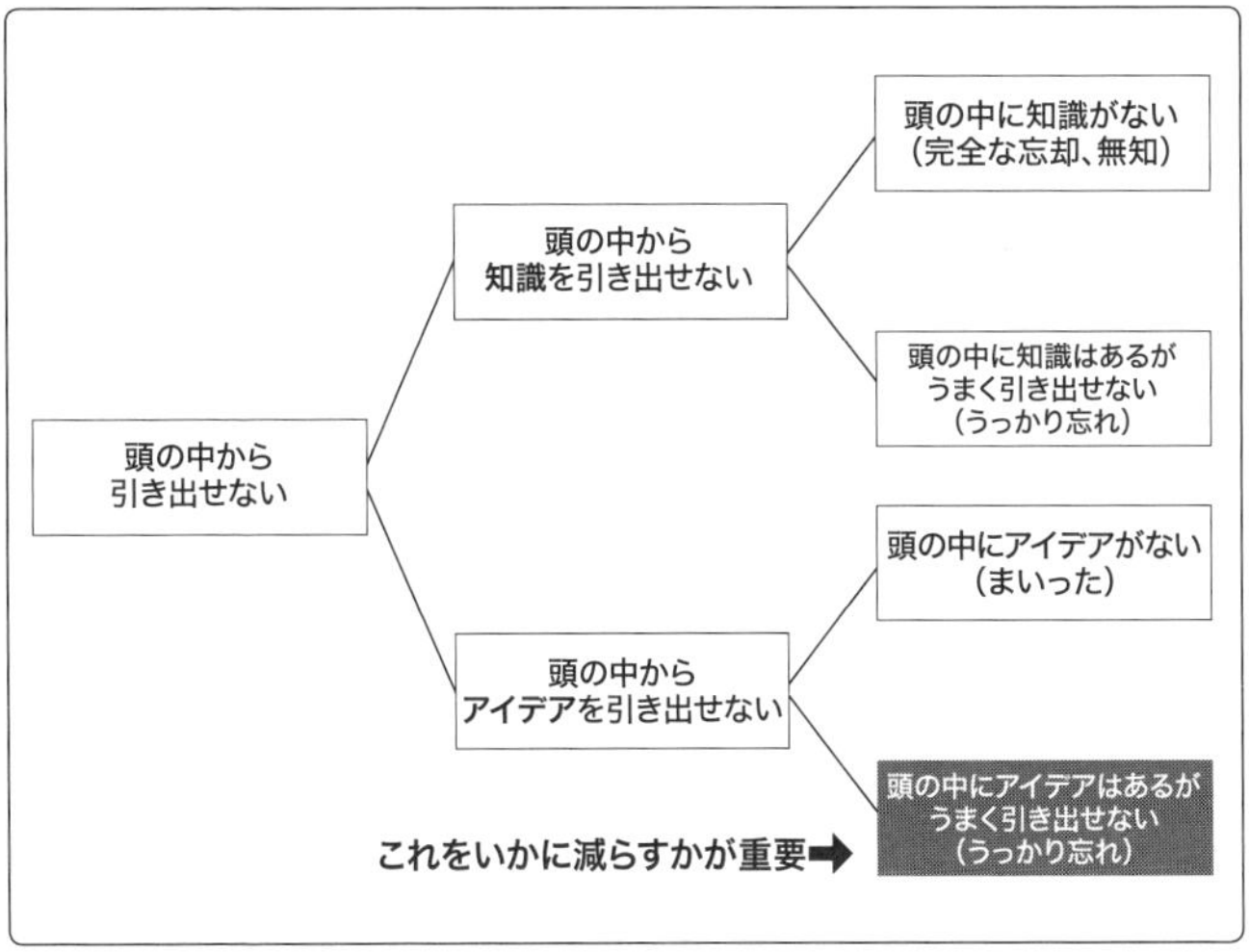

古代ギリシャ語の「真理（アレーテイア）」という語はまさに「忘却（レーテー）」に否定辞（ア）を加えたものである。つまり、真理とは忘却を脱した状態、すなわち思い出すことだというわけだ。

3つの要素で発想の質は決まる

ここまでの内容を踏まえて、これ以降のカギとなる考え方を定式化しておこう。

発想の質 ≒ 発想の広さ ＝ ①情報量 × ②加工率 × ③発想率

発想の質と発想の広さがほぼイコールであるということについては、すでに十分に説明したので、ここではもう触れない。

では、その発想の広さはいかにして決まるか？

これはたったいま確認したとおり、頭の中の潜在的なアイデアをいかにたくさん顕在化できるかにかかっている。

「頭の中のものを顕在化する」というのにも2パターンあった。

1つは外部から取り入れた「アイデアの素材（情報）」をそのまま引き出すことだ。たとえば、「大化の改新が起きたのは何年？」と問われて「645年」と答えるのは、たしかにあなたの中の情報を顕在化させている行為だが、これを発想と呼ぶ人はいないだろう。

一方、競合に勝つような発想をするためには、こうした情報量（知識量）が多いだけでは意味がない。これらを組み合わせて、「アイデアの種」へと深化させることが不可欠である。

単なる情報を組み合わせて、どれくらい潜在的なアイデアに加工できているか、その割合を「加工率」と呼ぶことにしよう。

発想の広さ（質）を決める3つの要素

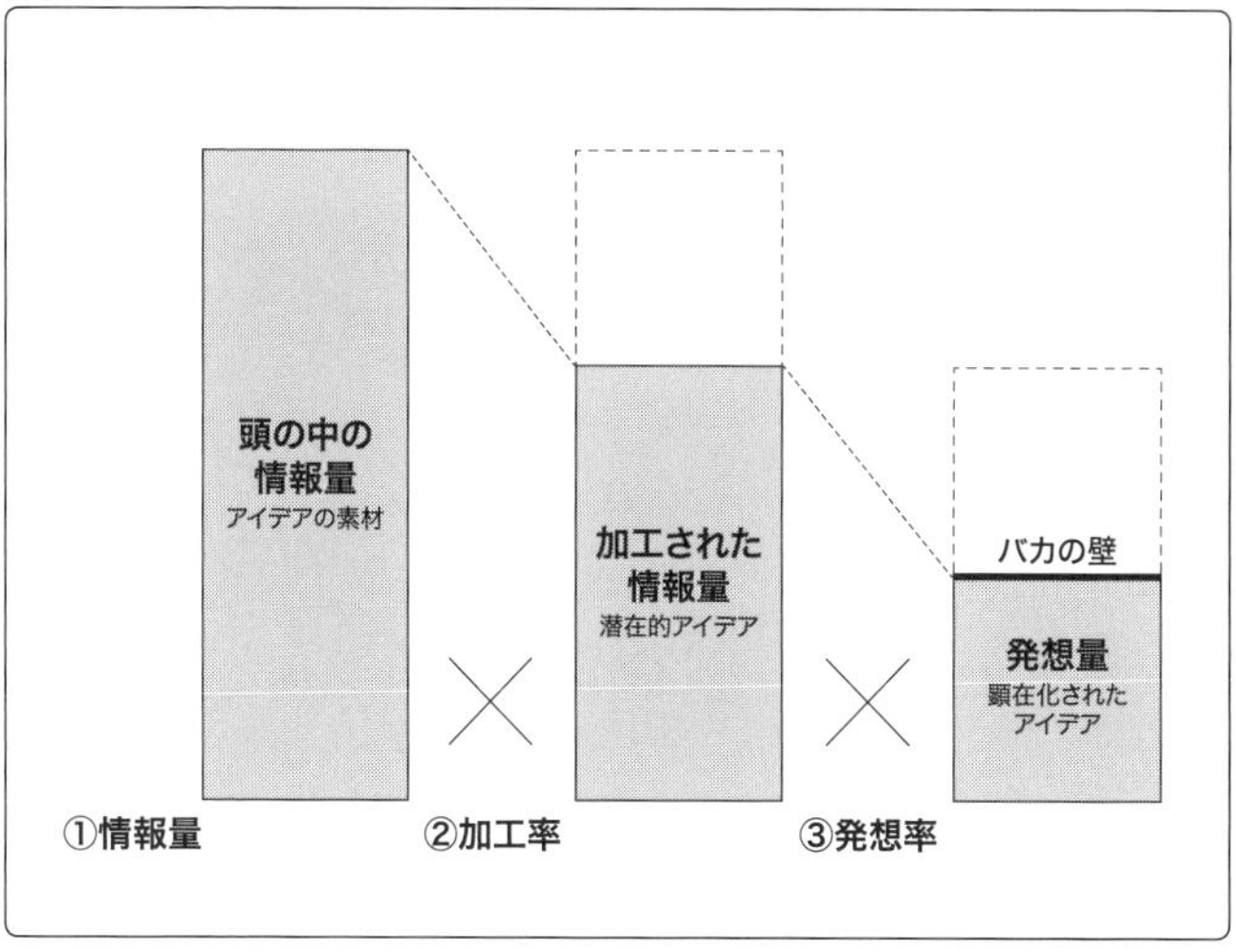

つまり、どれくらい幅広い発想ができるかということは、

① アイデアの素材がどれくらい頭の中にあるか（情報量）
② 素材をどれくらい潜在的アイデアに加工できているか（加工率）
③ 潜在的なアイデアをどれくらい顕在化できているか（発想率）

という3つの変数が絡み合って決まっているのである。

結局、「勉強ができるやつ」のほうが有利なのか？

このように定式化すると、「やっぱり学ぶことが大事なんじゃないか！」と思う人がいるかもしれないが、じつはそんなことはない。

ごく単純化したモデルで考えてみよう。

たとえば、Aさんは頭の情報量800の学歴エリートだとしよう。ただし、加工率が50%、発想率が25%なので、実際の発想量は100である。

一方、Bさんは A さんほどの知識を持っているわけではないとしよう（情報量５００）。加工率が A さんと同じだと仮定しても、発想率が80％もあるので、最終的には A さんよりも2倍の発想量になっている（下図）。

これこそが、いま現在起きている知的下剋上の基本的な構図である。つまり、③発想率の高さが結果を左右しているのだ。

学歴エリートに多いが、頭の中には膨大な潜在的アイデアがあるのに、それを引き出す力（発想率）が極端に低い人というのがいる。

そういう人は、他人がアイデアを顕在化させるたびに「そうそう、俺もそれは考えていたんだ」と言ってばかりいる。

知的下剋上とはどういうことか？

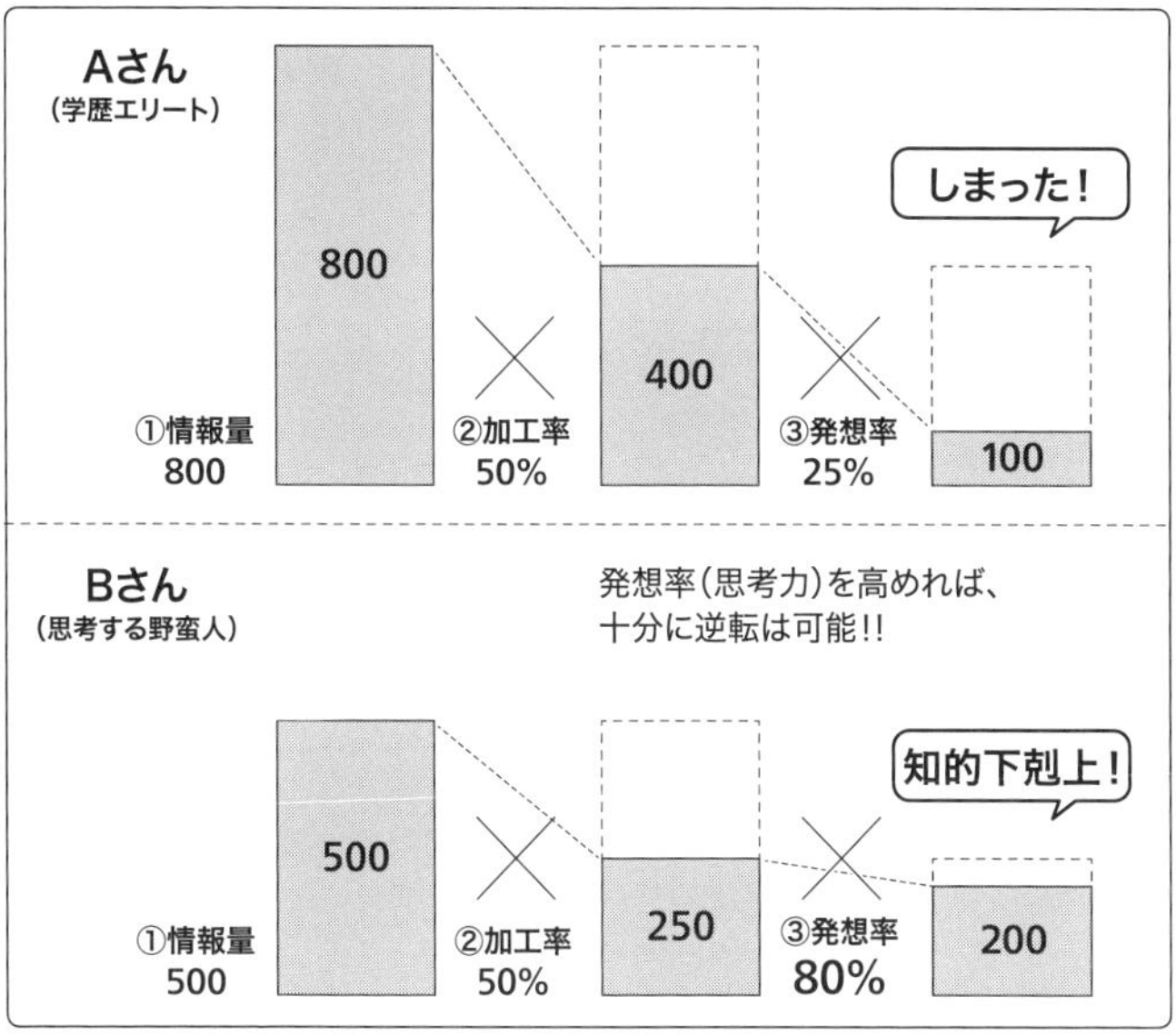

あなたのまわりにも、こんな人はいないだろうか？

こういう人を何と呼ぶかご存知だろうか？「評論家」である。ビジネスにおいては、評論家タイプに陥ることだけは何としても避けなければならない。

さて、ここから先は、①情報量、②加工率、③発想率の3つをどのように高めていけばいいかということについて、より具体的な方法にも言及しながら解説していくことにしよう。

ここでもカギになるのは「バカの壁」である。

というのも、情報をインプットするうえでも、それを加工するうえでも、そして当然、頭から引き出すうえでも、「バカの壁」が入り込む余地があるからである。

いかにそれぞれの「バカの壁」を意識化して発想を広げるか、まずは「③発想率」について見ていくことにしよう。すでに見たとおり、9割以上の「しまった」は、発想の顕在化に失敗することから起きている。そのため、発想率を高めることが、発想の質を高める**最短ルート**なのである。

第3章

論理的に考える

天才に近づく思考法

「書いている」ときだけ「考えていた」と言える

ビジネスに必要な「勝つための思考」においては、潜在的なアイデアを極限まで広く引き出し、「しまった」を回避することが欠かせない。

ところで、ここまで僕たちは、頭の中にあるアイデアを「引き出す」とか、潜在的なアイデアを「顕在化させる」という言い方をしてきた。

だが、この「引き出す（顕在化）」というのは、具体的にどういうことなのだろうか？

腕組みをして唸るだけでは「考えた」とは言えない

では、潜在的なアイデアと顕在化されたアイデア、頭の中にあるだけのアイデアと頭の外に引き出されたアイデア、その両者を分けるのは何だろうか？

研修の場でも同じ質問をすることがある。

「考えるとはどういうことですか？　考えているか、考えていないか、両者を分ける目印は、何だと思いますか？」

よくあるのが、「具体的な成果が出ているかどうかで決まる」という答えだ。

しかしこれは正確ではない。なぜなら、考えるというのは、ある種のプロセスであり、その成果物が現に存在するかどうかは関係がないからである。最終的なアウトプットが出なくても、「しっかり考えていたんだけどなあ……」というケースはたしかにある。

結論を言おう。

人が考えているかどうかを決めるのは、その人が書いているかどうかである。

アイデアを引き出すとは、アイデアを書き出すことにほかならない。少なくとも大多数の人にとってはそうである。これまで人生の中で、真剣に考えた経験がある方は思い返してほしい。あなたは1時間とか2時間、腕を組んでう〜んと唸りながら思考をめぐらしていただろうか。そういう人はかなり少ないと思う。

本当に何かを考えたときには、そのプロセスや最終的なアウトプットについて、何かしら必ず書いているはずである。逆に言うと、それがない限り「考えていた」とは言えないのである。

iPodがアップル社から発売されたとき、ある日本の大手電機メーカーの社員たちは、「あのくらいのアイデアを『考えて』いた人は、うちにもたくさんいたよ」と口々に言っていた。しかし僕が、「そうでしたか。誰が考えていたのですか?」と聞いても、具体的な名前が出てくることはなかった。

聞いた限りでは、社内に企画書があるわけでもない。企画書がないということは、考えた結果、iPodのような製品アイデアを最終的なアウトプットとして頭の中から引き出していたわけではないということだ。

要するに、「頭の中にアイデアがある」ということと、「そのアイデアを引き出す」ということは、まったく別物なのである。しかし僕たちは、他人のアイデアを見た瞬間に、あたかも自分も以前から同じことを発想していたかのように勘違いしてしまう。だからこそ、「考える=書く」ということを意識できない人が多いのである。

優れた思考力がある人ほど、膨大に書いている

よく言われることだが、ファーストクラスに乗るような一流のビジネスパーソンは、ことごとくメモ魔である。これはキャビンアテンダントの方々のあいだでも有名な話だそうだ。一流の人は機内でもつねに何か書き、考えているのだという（参考　美月あきこ『ファーストクラスに乗る人のシンプルな習慣』祥伝社）。

故・中内㓛《なかうちいさお》さんもそういう人の一人だった。敬意を込めて言うが、中内さんはダイエーを一人で立ち上げ、そして、一人で潰してしまったカリスマ経営者である。最盛期にはあらゆる大規模小売店の中で売上ナンバー1を誇っていたダイエー、それを一代で築き上げたこの人物も、とんでもないメモ魔として有名だった。とにかくいつでも何かを書き、何かを考えている人だったのである。

だから、中内さんの前でプレゼンや報告する人間はとても大変な思いをしていた。こちらの話が終わるや否や、中内さんから次から次へと質問が飛んでくるからである。彼は膨大なメモをとりながら徹底的に考え、発表者には見えていない「バカの壁」に気づいてし

まう。だから「なぜこれが発想からモレているのか?」という疑問が、どんどんと溢れてくるのだろう。

こういう人が経営者である組織はどうなるだろうか?

社内でちょっとしたプレゼンをするにしても、誰もがとことん考えるようになるのである。いい加減なことを報告していても、「あとは任せた。よきに計らえ」というようなわけには絶対いかない。だから、ダイエーという会社はある時期まで本当に「ものを考える組織」だったのだと思う。

ところが、おそらくどこかでたがが緩んだ。ある方いわく、中内さんは60歳前後のある時期からメモをとることを完全にやめてしまったという。以前のような鋭い質問もしなくなり、現場に任せることが多くなったそうだ。

もちろん、経営にはそうした側面も必要なのは否定できない。しかし中内さんの姿勢の変化は、当然のことながらダイエーの組織全体にも影響していった。こうしてダイエーという企業から「書く＝考える」という文化が失われ、それが最終的に同社の凋落《ちょうらく》につながっていったのではないか。もちろん、これが僕の推測にすぎないことは申し添えておこう。

天才ですら書かないと考えられない

発明王エジソンも、書くことによって考える人だった。すでに述べたとおり、彼は生涯3500冊のノートを書きつぶした。つまり、彼は膨大に考えていたわけだ。

エジソンの有名な言葉「天才は1%のひらめきと99%の努力である(Genius is one percent inspiration, ninety-nine percent perspiration.)」は、実際には努力を称揚するものではなく、ひらめきの大切さを強調したものだと言われるが、それでもやはり彼の成果は「99%の努力=3500冊のノート」に支えられているのである。

エジソンですら、アイデアを顕在化させる(=考える)ためには、書かなければならなかった。ましてや凡人である僕たちが、書かずに考えることができるかというと、まずそんなことはありえないだろう。

こうした議論を踏まえると、「あなたは1日にどれくらいの時間を考えるのに使っていますか?」というさきほどの質問に対する答えも、かなり変わってくると思う。

僕の研修の冒頭で「えっと、だいたい5時間くらいですかね」と平気で答えていた幹部候補生たちも、2日間とか1週間の研修が終わったころには、誰もが「せいぜい10分か15分でしたね……」と答えるようになるのが常である。

「書かずに考える」のは一握りの天才だけ

ただし、「考えること＝書くこと」というのは、あくまでも一般人に当てはまる真理であって、もちろん両者が概念的にまったく同じものだというわけではない。世の中には何も書かずにものを考えられるような、驚くべき頭脳の持ち主も存在している。

たとえば、文豪・三島由紀夫《みしまゆきお》。彼は「1970年に割腹自殺しなければ、間違いなくノーベル文学賞をとったであろう」と言われたほど、文壇において希有《けう》な天才として知られていた。

しかし、文学の才に恵まれる以前に、彼はものすごい秀才としても有名だった。何しろ東大法学部を主席で卒業し、大蔵省に入省しているのである。

そんな彼が自分の仕事のやり方として豪語していたのが、「小説の最後の1行が決まるまで、ペンを執《と》らない」ということだった。頭の中で原稿用紙数百枚分をすべて組み立ててから、おもむろにモンブランのマイスターシュテック149という太字の万年筆を使って書き始めるというのである。

ある編集者に聞いたところ、どうやらこれは実話らしい。その編集者の上司は、三島の最後の担当編集の一人だったそうだが、締め切りが迫ったあるとき、三島は担当編集に向かってこう語ったそうだ。「君、いまから俺は原稿をすべてしゃべるから、そのまま全部書き取ってくれ」と。

そして実際、それがそのまま小説の文章として使われたというから驚きだ。

僕たちにはまずこんな芸当はできない。考えるというプロセスと書くというプロセスは不可分であり、書きながら考えるしかないのである。

言葉は「境界線」である
——虹はなぜ7色か？

考えるためには、書かなければならない。

では、どんなことに気をつけて書けばいいのだろうか？

・筋道をはっきりさせて書く？
・箇条書きでいいから、思いついたことをとにかくたくさん？
・視覚的にわかるように図や絵にする？

どれもよく言われることである。

だが、僕たちがいま気をつけねばならないのは、どんなことだったか？　もう一度思い出してみてほしい。

そう、発想に「バカの壁」が入らないようにするのが、思考の質を高める最大の近道だった。そして、そのためには、自分が考えている範囲を意識しなければならないという話をした。では、その範囲を取り囲んでいる境界線とは、何なのか？

ここでも結論から言おう。

この境界線の正体は**言葉**である。

言葉はすべてを2つに分ける

少々わかりづらいと思うので、いくつか例を考えてみよう。

「自動車をできる限りたくさん考えてみる」というさきほどの例を見た際、「200万円以上」とか「赤い」といった境界線を考えてみた。「200万円」という言葉は、すべての自動車を200万円以上の車とそれ未満の車に分ける。「赤い」という言葉は、すべての車を赤い車とそうでない車にわける。

言葉というのは本質的に、対象を「あるもの」と「そうでないもの」に分ける機能を持っているのだ。

「言葉を会得するということは、自分の周囲にふつふつと沸き立っている無数にして無限の、無秩序な連続体に、言葉で切れ目を入れるということなのです」(井上ひさし『本の運命』文春文庫)

現実はすべてつながり合っていて、得体の知れない部分がある。「A」という言葉は、現実を「Aであるもの」と「Aでないもの」に切り分ける境界線として機能するのである。

じつは虹は7色ではない?

もっとわかりやすい例として、「色を表す言葉」を取り上げよう。

虹というのは、日本では7色だとされているが、アメリカでは6色だと言われているそうだ。しかし僕は「虹は7色だ」と語るアメリカ人に会ったこともあるし、ほかの地域や時代によっては8色、5色、3色、2色など、バラバラである。

では、どれが正しいのかというと、もちろん正解はない。

なぜなら、虹というのは、赤外線と紫外線の間の光の波長であり、実際にはすべてが切れ目なくつながっているからである。

僕たちが「虹は7色だ」と語るとき、僕たちは色を表す言葉を使って、そこに切れ目（境界線）を入れている。

虹の中でも、僕たちが「橙《だいだい》」と呼んでいる部分には、赤に近い橙もあれば、黄に近い橙もある。

本来そこには明確なギャップがあるわけではないが、僕たちはそこに「橙」という言葉を与えることによって、「橙色の部分」と「そうでない部分」とに境界線を入れているのである。

その分け方は言葉次第なのだから、極端な話をすれば虹は30色であると言ってもいいし、2色であると言ってもいいわけだ。

言葉は境界線である

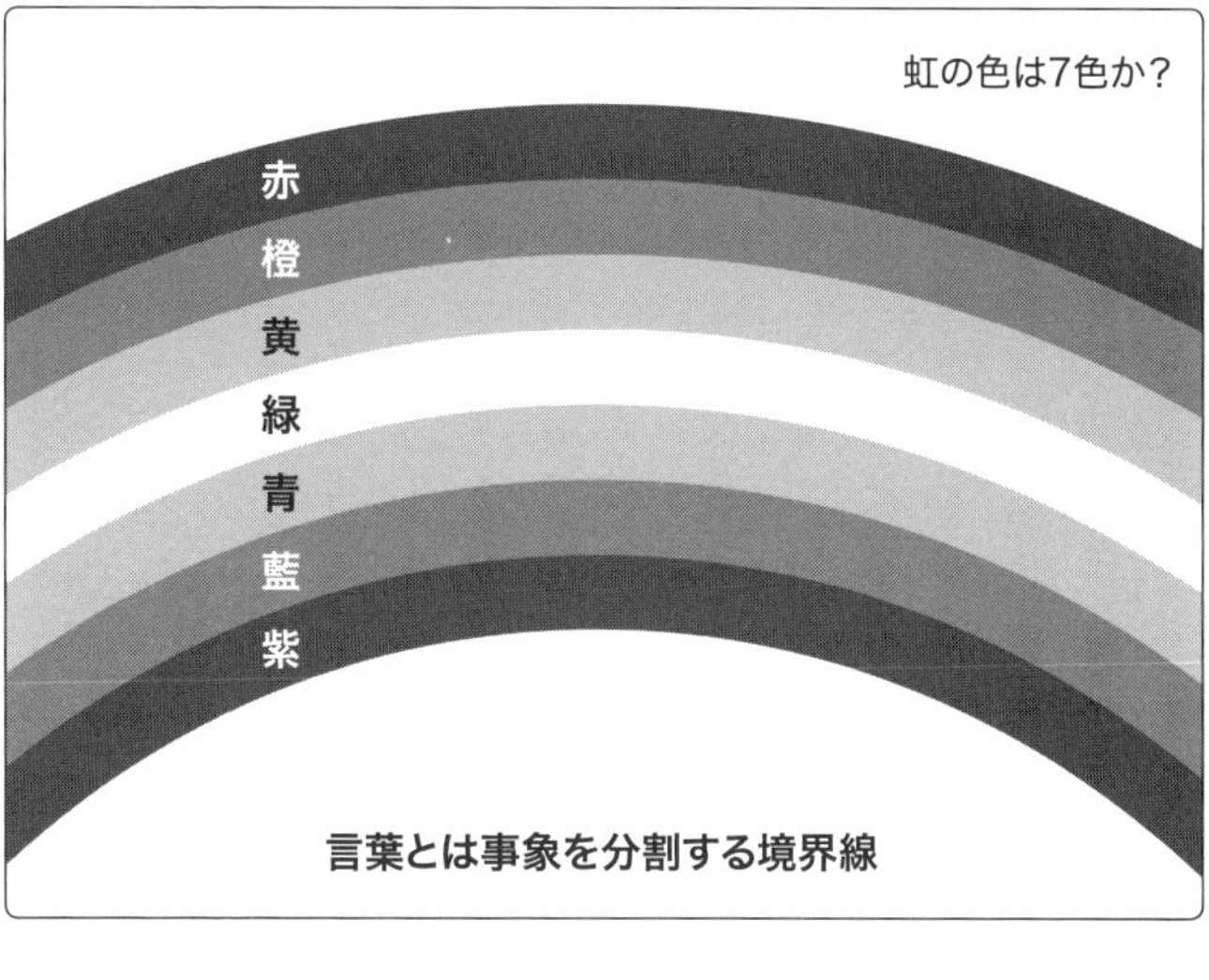

「definition」も「ことのは」も境界線である

研修などでこの話をすると、「それって、要するに『定義』をしているということでしょうか？」という指摘を受ける。

それは正しい。「これはAである」という定義は、「これ」という現実に対して、言葉「A」で境界線を入れる行為だからだ。

そもそも、英語の「定義（definition）」という言葉そのものが、本来的に境界線としての意味を持っている。

「定義する（define）」の語源となっているラテン語の動詞「definio」はもともと、接頭辞「de-（十分に）」と「finis（終局、境界）」から来ていて、もともと「境界線をはっきりさせる」というニュアンスを持っている。

また、日本語の「ことば」の語源は、「ことのは（言の葉／事の端）」である。

これには諸説あって、「現実の一端しか表していない」という意味だとの解釈もあるようだが、一方では、まさに現実を切り取る端《はし》の部分、つまり、境界線こそが言葉であるという考え方もできるのではないだろうか。

いずれにしろ、「バカの壁」が入らないように境界線を入れるというのは、言葉をはっきりさせて考えるということなのである。

磨かれた語彙力は、論理思考力に直結する

僕たちはここまで、発想の「しまった」を減らすのに必要な「考える」の本質について、いくつかのことを見てきた。

・「考える」とは「書く」である
・「言葉」とは「境界線」である

ここに来て、ようやく本書のサブタイトルにもなっている「**論理思考**のシンプルな本質」について語ることができる。

いや、じつは僕はここまで論理思考の話しかしていないのだ。

ここまでの流れはすべて、論理的に考えるとはどういうことかを、「論理」「論理的」といった言葉を使わずに解説する試みだったと言ってもいい。

なぜそんなことをしたのかといえば、「論理」と言った途端に、多くの人が1つの誤解を抱くからだ。

論理とは「筋道があること」だけではない

僕たちは日常会話の中で、何気なく「彼の話はすごく論理的だったね」というような言い方をする。

この場合の「論理的」が意味しているのは、「(話の)**筋道**が通っている、理屈がしっかりしている」ということだ。要するに「A→B→C→D」という話の展開の「→(矢印)」にあたるのが論理だという考え方である。

「首尾一貫した筋道で考えられるようになりたい」という期待を持って本書を手にとった人も多いだろう。もちろん、そうした論理の捉え方というのは、決して間違っていない。

「筋道」としての論理

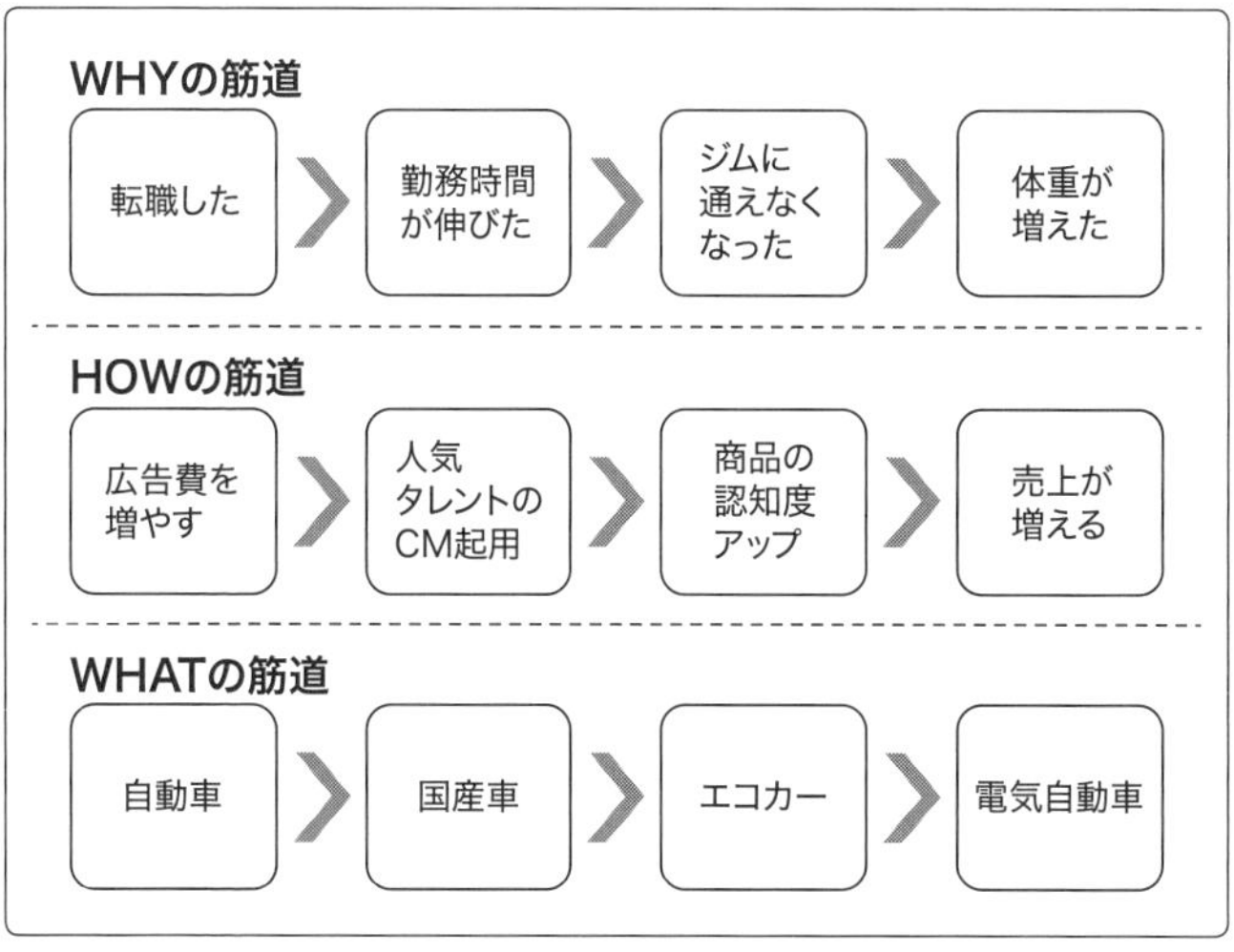

しかし、僕が語っている「論理的」は、これとは少し違っている。いわば、それよりも基礎的な部分にフォーカスしているのである。

「論理（logic）」ないし「論理的（logical）」の語源は、古代ギリシャ語の「ロゴス（logos）」である。これがどういう意味かご存知だろうか？

ロゴスとは「言葉」である。古代ギリシャ語で書かれた『新約聖書』「ヨハネによる福音書」第1章は次のように始まっている。

「初めに言《ことば》があった。言は神と共にあった。言は神であった」（新共同訳）

このときの「言」の原語が「ロゴス」である。本来、論理（ロジック）というのは、言葉を扱うものなのである。

そして、言葉とは「境界線」だった。広く発想しようとする僕たちを邪魔する「バカの壁」、これに対抗する唯一の方法は、自分が考えている範囲の内と外を、言葉という境界線によってはっきりさせることだった。

つまり、論理思考の本質とは、言葉が本来持っている境界線としての機能を最大限に発揮させて発想を広げ、競合が見落としているアイデアを先に引き出すことなのである。

だからこそ、「論理思考の力」とは「発想の力」なのである。

論理の部品がガタガタだと、論理の筋道もグラつく

おそらくこの種の説明は、これまであなたが持っていた論理思考のイメージとは、うまく重ならないと思う。

すでに述べたとおり、「論理＝筋道」という理解が、かなり一般的だからだ。

「AがBである。一方、AはCでもある。ゆえにBはCである」というような演繹《えんえき》的論理はまさに筋道にほかならないし、「Aを実現することでBを引き起こし、それによってCを実現する」という戦略が「論理的だ」と言われる場合にも、何らかの水平的な展開（筋道）がイメージされている。

まず誤解しないでいただきたいのが、僕は筋道としての論理を否定するつもりはないということである。こうした筋道を構築していくことは、実際の仕事にとっても非常に有益だ。

つまり、もともと論理思考には2つの側面があるのだ。

① 筋道を明確にして考えること
② 言葉を明確にして考えること

ただ、僕が強調しておきたいのは、いくら精緻かつ壮大な筋道を組み立てたとしても、その「部品」が壊れていれば、すべてが水泡に帰する可能性があるということだ。

筋道としての論理を組み立てるにしても、結局、その部品になるのは言葉である。だから言葉を明確にしなければならない。

2つの「論理」

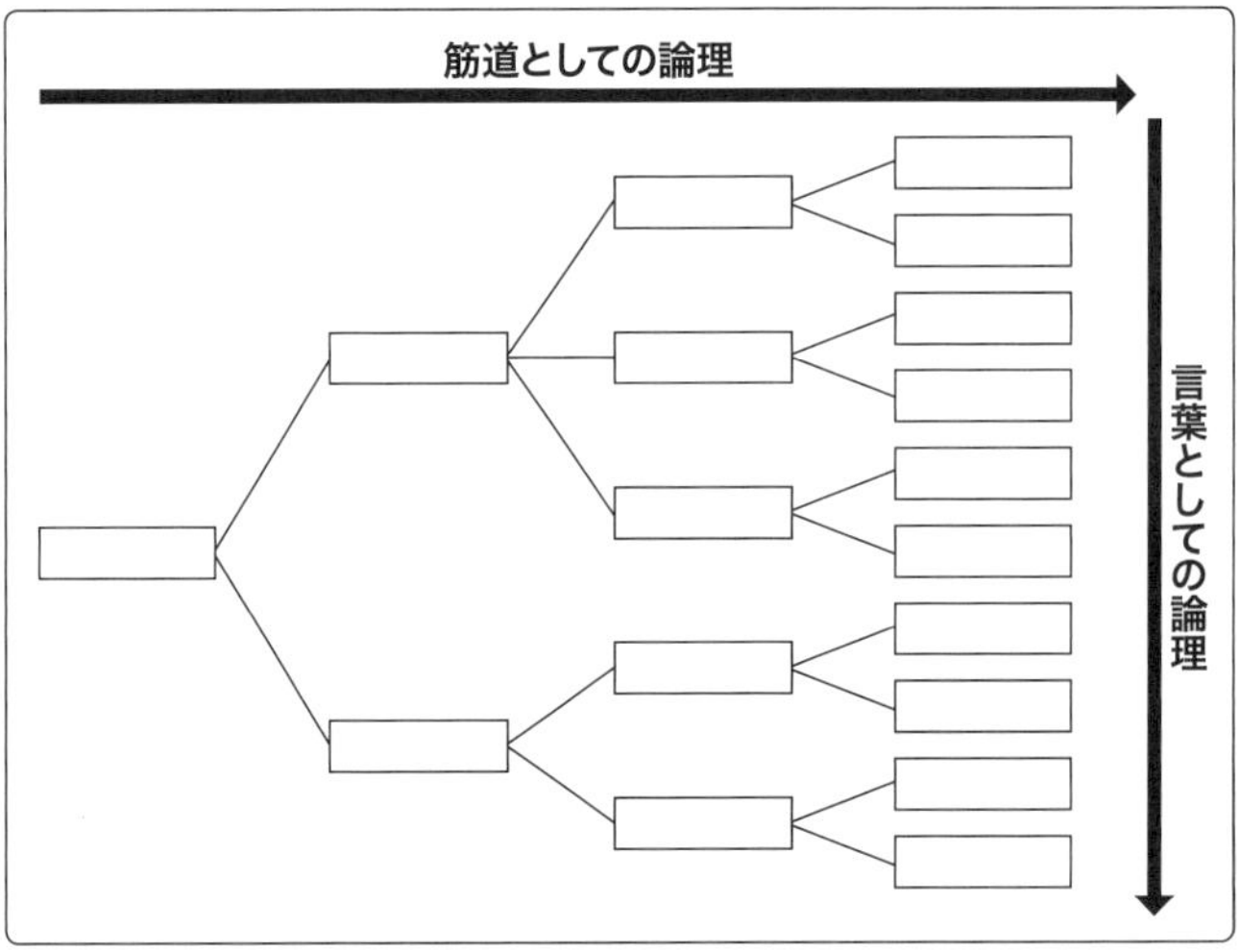

ここで、「言葉を明確にする」と言っていることには、2つの含意がある。

① 対象を言葉にする（イメージでとらえず、言語化する）
② 言葉の輪郭をはっきりさせる（言葉の意味を曖昧なまま放置しない）

まず自分が何について考えているのかを言葉にしなければならないし、そのときの言葉は、意味が明確になっていなければならない。

その2点をおざなりにしたまま筋道をつくっていっても、そこには必ず「バカの壁」が入ることになる。つまり、発想を広げ、アイデアのモレをなくすうえで、筋道としての論理は無力なのだ。

マッキンゼーのプレゼンは「言葉の使い方」が違う

もちろん、筋道をきれいに整理した戦略シナリオをつくれば、社内やクライアントを説得できるかもしれない。しかし、そこで使われている言葉は、本当に十分に検討されているだろうか？

よくありがちなのが「コンサル語」などと呼ばれる外来語である。これがいちばん危ない。ブランドだとか、ストラテジーだとか、グローバルだとか、アライアンスだとかいった言葉は、本当に明確な境界線として機能しているだろうか？

こんな言葉を使わなくても、たいていのことは説明できる。

博報堂に在籍していた1987年、僕はキリンの関連会社をクライアントにしていたこともあり、偶然にもマッキンゼー・アンド・カンパニーとキリンとの共同プロジェクトにメンバーとして参画する機会があった。

当時のキリンは、これ以上の売上を上げると、会社分割の対象になる恐れすらあるほどの独走状態（ビール市場のシェア60％超）で、70年代には5年間まったく広告を出さない時代もあったという。

しかし同年に、アサヒビールが「アサヒスーパードライ」という画期的な商品を投入したことで、キリンにも危機感が生まれた。そこで、新たな戦略の立案をマッキンゼーに依頼したのである。

そのころのマッキンゼーは、まだ内情のよくわからない謎の企業だった。「（きっとハーバードやＭＩＴを卒業したとんでもないエリートたちが、ビジネススクールで身につけた知識で理論武装してくるんだろうな……）」――勝手にそんなイメージを抱いていた僕は、緊張しながら第１回ミーティングに臨んだ。

だが、彼らのプレゼンを聞いた瞬間に、そのイメージは完全に崩れ去った。

何より驚いたのは、彼らが日常的な言葉しか使わなかったことだ。さきほどあげたような奇妙なコンサル語は出てこない。日本語がふつうに理解できる人であれば、誰でもわかるような一般的な表現を使って、すべての戦略を説明し尽くしたのである。

また、言葉のシンプルさとは裏腹に、その戦略がとても優れたものであることは僕にもわかった。おそらくキリンのビールを買って飲むことになるであろう、ふつうのおじさん・おばさんでも、マッキンゼーの人たちが策定した戦略プランは十分に理解できたはずだ。

つまり、言葉の境界線さえしっかりしていれば、専門用語や難しそうな横文字は必要ないのである。彼らのプレゼンは、もちろん筋道の点でも非常にロジカルだったが、何よりもそれを構成する部品（言葉）が、しっかりと定義されていた。つまり、フレームワーク（境界線）で発想の範囲を分割するというステップが踏まれていたというわけだ。

業界内でしか通用しないようなテクニカルターム（専門用語）を、言葉の端々に散りばめながら話す人を見かけることがある。こういう人がそれぞれの言葉をどこまで厳密に考えているかは怪しいものだ。本当の思考力があれば、そんな見かけ倒しがなくとも、確実に人を動かすプレゼンテーションは実現できるはずである。

言葉の力でイノベーションを起こしたホンダ

語彙力こそが思考力や発想力の源泉であるということは、創造性のある企業を見ていても言えることである。

クリエイティブな企業についてまず言えるのは、その大半が「後発」であるということだ。後発企業は、先行者利益を得ている企業と同じことをやっていても絶対に勝てない。あとから市場参入したにもかかわらず、のちに業界トップにまで食い込んだ企業は、ほとんどの場合、何か新しいものを生み出している。

たとえば、ホンダが四輪自動車の業界に参入したのは、トヨタや日産よりもずっとあとのことだった。にもかかわらず、なぜいまのホンダがあるのか？

僕が思うに、彼らの創造性はやはり論理思考の賜物である。そしてその本質は言葉への徹底的なこだわりである。

かつてホンダの経営企画室長だった小林三郎さんによれば、同社の研究開発を担う本田技術研究所は、社内では「本田言葉研究所」と呼ばれていたそうだ。

「技術やクルマの研究の前に、言葉を巡って延々と議論が続くからだ。……（中略）新車の商品コンセプトを表現する言葉を決めるためだけに、3日3晩のワイガヤを3回やった開発チームもあった。とにかく、言葉に対するこだわりが半端ではない。そのため、技術ではなく言葉を研究しているという所という意味を込めて、本田言葉研究所と呼んでいたのである」（「日経ものづくり」2011年5月号より）

ワイガヤというのはホンダの社内用語で、社外で行なう泊まりがけの会議のこと。そもそも論からとことん考えるため、1日4時間ぐらいしか寝られないなどとも言われている。

遅れて自動車産業に参入してきたホンダが、今日のようなポジションを築き得たのは、同社がこうやって徹底的に言葉にこだわり抜く姿勢を持っていたからではないか。

天才ではない僕たち、つまり発想に必ず「バカの壁」が入ってしまう僕たちにとって、言葉を明確にするというのは、広くアイデアを出すために唯一とり得る道なのである。

それでも論理思考が「最強の発想法」だ

本章では論理思考の本質を明らかにしてきた。
最後に、「論理思考ではないもの」にもスポットを当てることで、論理思考の特徴をより際立たせておこう。

論理思考を含めて「4つの発想ルート」が存在する

まず、論理思考とは、言葉を部品としながら筋道をつけていく発想だった。
それでは逆に、「言葉によらずに筋道をつけていく発想」とは何だろうか？

それは**イメージ**による筋道である。
イメージと聞くと、映像のことを思い浮かべる人も多いが、実際には視覚のイメージ以外にも、聴覚、味覚、触覚、嗅覚のイメージがある。

たとえば、パティシエが新しいケーキをつくるときには、食感だとか風味だとか甘みの具合だとかについて、一定のイメージを持っているだろう。それは決して言葉によるものではないが、必ずしも視覚的イメージだけだとは限らない。

とはいえ、人間の場合、大半のイメージ（映像）は映像を介するものがほとんどなので、「イメージ＝映像」だと言ってしまっても、ほぼ問題ないだろう。

こうした映像によって筋道をつけていく発想もあり得るのである。


また別の側面からも見てみよう。

何らかの発想をするとき、僕たちの発想は、筋道をたどるしかないのだろうか？

そんなことはない。思いつきとかひらめきとか**直感**と呼ばれるものは、そうした線的なプロセスを経ないからである。

- 筋道――「A→B→C→D」というように段階を経る線的な発想
- 直感――「D」というようにいきなり飛躍する点的な発想

となると、僕たちの発想には形式的には下図のように4つのかたちがあり得るということになる。

直感のみによる発想が可能な人＝「天才」である。天才は「バカの壁」が入らないために発想の幅が広く、論理による分解のステップ（筋道）がなくても、アイデアまで一気に直感でジャンプできてしまう。

それができない人は、やはり筋道をたどりながら、思考を広げていくしかないのである。

「イメージ思考」に付随するボトルネック

天才ではない僕たちが、直感よりも筋道に頼ったほうがいいのはうなずけるにしろ、イメージではなく言葉を使ったほうがいい理由はどこにあるだろうか？

もしもイメージによる思考力がずば抜けている人であれ

発想には4つの種類がある

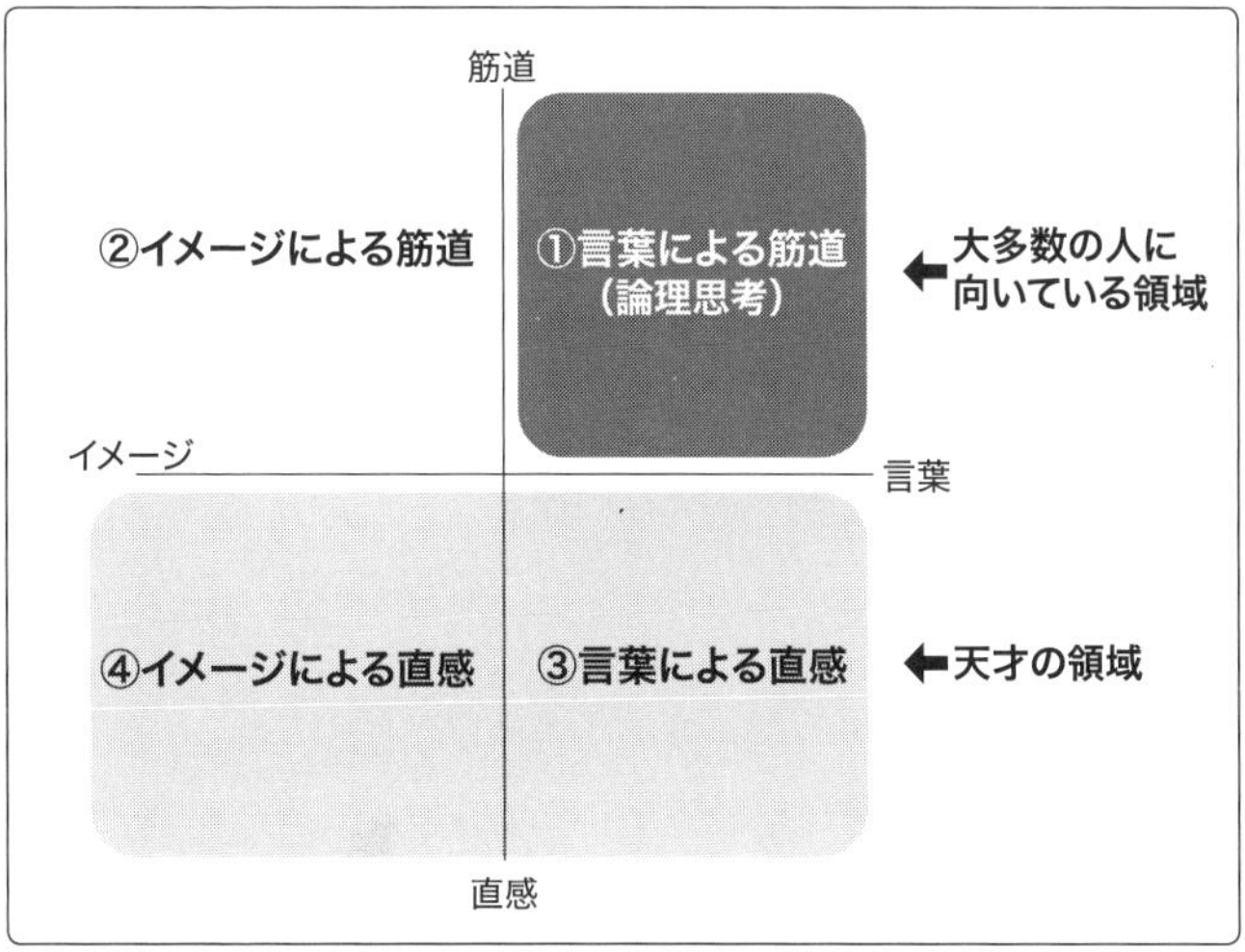

ば、言葉など使う必要はないのかもしれない。

しかし多くの人にとっては、やはり言葉を使うほうが圧倒的に有利である。


まずアウトプットの問題がある。

イメージによって思考するということは、たとえば図や絵や動画だけでものを考えるということだが、そうなると当然のことながら、それを他人に伝えるときにも、そうしたイメージを使うことになる。しかし、イメージだけで伝達できることには、やはり限界があるように思う。

たとえば、ある企業の事業戦略を言葉を使わずに、イメージだけで伝えるのは至難の技だろう。絵や図だけで企画書をつくることを想像してみてほしい。かなり難しいはずだ。

スポーツ選手であればアウトプットはプレーでいいし、料理人であればおいしい料理をつくればいい。しかし、一般的なビジネスパーソンに求められる最終的なアウトプットは、やはり言葉なのである。


加えて、イメージによる思考は、究極的にはその人のイメージ力に依存する。

「図で考える力を養おう」というようなメッセージの書籍は巷《ちまた》に溢れているが、端的に言えば、絵が下手な人というのは、イメージによる思考に向かない人である。たいていの人はやはり言葉で考えたほうが、他人への伝達という意味でも、個人としての思考という意味でも、うまくいくことが多い。

イチローが「言葉×筋道」なら、長嶋は「イメージ×直感」

野球の世界では「名選手必ずしも名監督ならず」と言われることが多い。これは、プレーヤーとしては自分のプレーをイメージでとらえていればよかったものが、いざ監督となったときには、それを言葉で筋道をつけて説明する能力が求められるからだろう。

たとえば、いくつかのチームで監督を務めた野村克也《のむらかつや》さんは、剣術の達人・松浦静山《まつうらせいざん》の「勝ちに不思議の勝ちあり。負けに不思議の負けなし」という言葉をよく引用していた。僕たちはふつう、試合に勝つとそれに満足して、その要因を考えることはしない。しかし、野村元監督は、勝った試合のあとでもその理由を徹底的に言葉に置き換えて分析していたという。まさに論理の人なのである。

また、メジャーリーグで活躍するイチロー選手は、北野《きたの》武《たけし》（ビートたけし）さんとの対談で「僕は天才じゃない」と断言している。まわりの人からすれば驚くべき発言だが、イチロー選手はこんなふうに理由を語っている。

「今年だけで僕は242本安打を打ちました。ところが僕は、その242本に関してすべて、なぜ打てたかを説明できるんですよ。本当の天才である長嶋《ながしま》茂雄《しげお》さんとはその点が違います」

彼もまた、目の前のイメージを言葉に置き換えながら、きわめて論理的に野球というスポーツをやっているプレイヤーだと言えるだろう。

これと対照的なのが、イチローが「本当の天才」と呼んだ長嶋茂雄さんである。選手にバッティングの指導をするときに、「ボールがビューと来たらバーンと打てばいい」と語ったという彼のエピソードは比較的よく知られている。この人は「言葉」よりも「イメージ」の中で野球を続けていた典型的な人物だろう。

長嶋さんには「シュートで80行」という逸話も残っている。シュートという変化球を苦手としていた彼は、「今日のホームラン、あれはどんな球種でしたか？」と取材されると、必ず「シュートです」と答えていたという。

ひょっとしたら長嶋さんなりの狙いがあったのかもしれないが、彼がそれ以上は何も筋道をつけて説明してくれないので、スポーツ記者たちは80行の記事を書くのにも非常に苦労したということだ。ここからは、長嶋さんが「筋道」よりも「直感」の人であることがわかる。

ここで重要なのは、イチロー選手のような超一流選手ですら、言葉を使って考えているということだ。

イメージや直感のすべてを否定するわけではないが、ビジネスパーソンであれば、やはり言葉で考えることを主軸に据えたほうがアドバンテージは大きい。やはり僕たちは、論理思考で発想の質を高めていくべきなのである。

第4章

発想率を高める

広大な砂漠で宝を掘り当てるには？

「うっかり忘れ」を減らす戦略的チェックリスト

第2章で僕たちが確認した定式をもう一度振り返っておこう。

発想の広さ　＝　①情報量　×　②加工率　×　③発想率

発想を広げたいとき、最も手っ取り早いのは「③発想率」を高めることだった。そして、前章で確認したとおり、発想率を高めるためには、論理思考によって「バカの壁」に対抗しなければならない。

バカの壁が入ることで、「頭の中にある潜在的なアイデア」の一部を僕たちはついうっかり引き出し損ねてしまうからである。

では、そうした「うっかり忘れ」を防ぐには、どんな手立てがあるだろうか？

「うっかり忘れ」を回避するための習慣

仕事の場面を思い出してみてほしい。

あなたのところには次々といろいろなタスクが舞い込む。上司が「Aの件、来週月曜までに頼むよ」と言って、書類を置いていく。そこに後輩が「Bの件について相談に乗っていただきたいのですが……」と言ってやってくる。

そうこうするうち、上司から頼まれていた案件をついうっかり忘れてしまう。気づいたときには締め切りを過ぎていた……などということはないだろうか？

こうした「うっかり忘れ」でも、起きていることは発想の「うっかり忘れ」と同じだ。頭の中に何らかの壁が入って、「これで仕事は全部だ」と思ってしまい、残っているタスクが思考から漏れてしまう。気づいたときには「しまった！」である。

うっかり忘れを避けるためには、メモ書きをするという人がほとんどだろう。タスクが複数ある場合は、箇条書き形式でそれらを書き留めておくはずだ。呼び名はいろいろとあるが、本書ではこれを**チェックリスト**と呼ぶことにしよう。

チェックリストがあることによって、僕たちは発想のモレを防ぐことができる。遠足に持っていくべきものだとか、新規クライアントと契約を結ぶべき際のフローだとか、ありとあらゆる場面で、チェックリストは活用されている。いかに僕たちがうっかり忘れをしやすいかということだ。

裏を返せば、チェックリストというのは、発想のモレを防ぎ、網羅的に広く考えるためのツールだということだ。

発想の質を高めるためには、発想率を高める（発想のモレを減らす）ことが必要だった。つまり、競合に打ち勝つうえでも、チェックリストこそが最も確実なツールなのである。

優れたチェックリストに共通する「2つの条件」

では、どんなチェックリストをつくればいいだろうか？　優れたチェックリストの条件について考えてみよう。

たとえば、カレーパーティの買い物に必要なチェックリストとして、致命的な欠陥を抱えているのは、次のうちどれだろうか？　少し考えてみてほしい。

優れたチェックリストの条件とは?

次のうち、致命的欠陥のあるチェックリストはどれか?(複数可)

本来買うべきもの(カレーパーティ)

タマネギ　ニンジン　ジャガイモ
牛肉　ビール　カレールー

チェックリストA	チェックリストB	チェックリストC	チェックリストD
買うもの	買うもの	買うもの	買うもの
□ 1. タマネギ	□ 1. タマネギ	□ タマネギ	□ 1. タマネギ
□ 2. ニンジン	□ 2. ニンジン	□ ニンジン	□ 2. ニンジン
□ 3. ジャガイモ	□ 3. ジャガイモ	□ ジャガイモ	□ 3. ジャガイモ
□ 4. 牛肉	□ 4. 牛肉	□ 牛肉	□ 4. 牛肉
□ 5. ビール	□ 5. ビール	□ ビール	□ 5. 飲み物
	□ 6. カレールー	□ カレールー	□ 6. カレールー
	□ 7. 野菜		
※項目に「モレ」がある	※項目に「ダブり」がある	※項目に「優先順位」がついていない	※項目が「具体的」でない

答えはAとDである。チェックリストの目的は、発想のモレを防ぐことだった。その点でAはまず話にならない。このリストを持っていても、買い忘れを防ぐのには役立たないからだ。

Dのチェックリストは、「どんな飲み物を買えばいいのか?」が具体的になっていないという点で、やはりモレにつながり得る。たしかに「飲み物」の中にはビールも含まれるが、おつかいを頼まれた人が下戸《げこ》であれば、ビールを買い損ねる可能性は高い。具体性の欠如も、やはり発想のモレにつながるのである。

一方、Bのようにダブりがあっても、少し混乱を招いてややこしいという点を除けば、特に大きな問題はない。なぜなら、これによって買い忘れが生じることはないからだ。

Cの優先順位についても、モレを防ぐという目的に照らした場合、じつは必要条件にはならない。「あったらいい」という程度のものである。

ここからわかるとおり、優れたチェックリストの条件は次の2つである。

- 項目にモレがない
- 項目ができるだけ具体的である

それでは、この2つの条件を満たすチェックリストは、どんなふうにつくればいいだろうか？

いきなり完璧なチェックリストはつくれない

ある公園の管理事務所から「公園のハトが減っている。原因を探ってほしい」との依頼を受けたとしよう。あなたはリーダーとしてチームを招集し、各メンバーに呼びかける。

「みんな、この公園からハトが減っているそうだ。どんな原因が考えられるだろうか？可能性として考えられるものを徹底的に洗い出そう」

メンバーからはこんな意見が出たとしよう。

- 何者かがハトを捕獲して連れ去っているのではないか？
- 致死性の高いハト特有の伝染病が流行しているのではないか？
- 何らかの人工物が障害となって事故死するハトが増えているのではないか？

あなたはメンバーが考えた仮説をホワイトボードに箇条書きしていく。

もっともらしい仮説から検証することにして、会議を終了しようという段になって、メンバーの一人が手を挙げた。

「あの……たまたま思いついちゃったんですが、『天敵の数が増えて、ほかの地域に逃げ去っている』という可能性はないでしょうか？」

誰もが「（なるほど、たしかにあり得る……）」と思った。

あなたは急いでその仮説もリストに追加するが、ここでふと考え込んでしまう。

「（ひょっとして、まだ大きな可能性を見落としているかもしれないな……）」

実際、この段階ではまだまだかなりの見落としがある。その中に真の原因が隠れている可能性も十分あるだろう。かといって、ここで会議を延長して、さらにみんなでウンウンと唸ることにどれほどの意味があるだろうか。

ここで必要になるのがチェックリストである。

つまり、「Aという範囲について十分に仮説を出しただろうか？」「Bという範囲については？」「Cについて仮説が不十分ではないか？」と確認するための網羅的な一覧表がない限り、可能性を十分検討できているのかを判断できない。

しかし、いきなり網羅的なリストをつくることはまず不可能である。それができるのは「バカの壁」がほとんど入らない天才的な人物だけだ。僕たちがいきなりこれをやろうとしても、必ず見落としが生まれてしまう。

モレを防ぐには、段階的に分けるしかない

では、モレがない優れたチェックリストをつくるには、どうすればいいのか？

段階的に項目を分けていくしかないのである。

分解を繰り返していくと、１つの大きな項目がツリー状にどんどん枝分かれしていく。

モレが出ないように項目を分割していくためには、明確な境界線が必要だ。

たとえば、「すべての自動車」を分解するときに、「高価格」というのは境界線としてはあまりにも曖昧である。これによって「高価格な車」と「高価格でない車」に分割しても、そこから漏れてしまう車が出てくる可能性がある。

逆に、「２００万円」を境界線にすれば、「２００万円以上の車」と「２００万円未満の車」とに分割することができる。さらにこれを「排気量１５００cc」を境界線にして分けたとしても、モレが生じることはないし、項目はより具体的になる。

論理思考、すなわち、言葉を明確にして筋道をつけていくと、分解を繰り返し、項目をどんどんツリー状に枝分か

モレなく分解した項目の末端がチェックリストになる

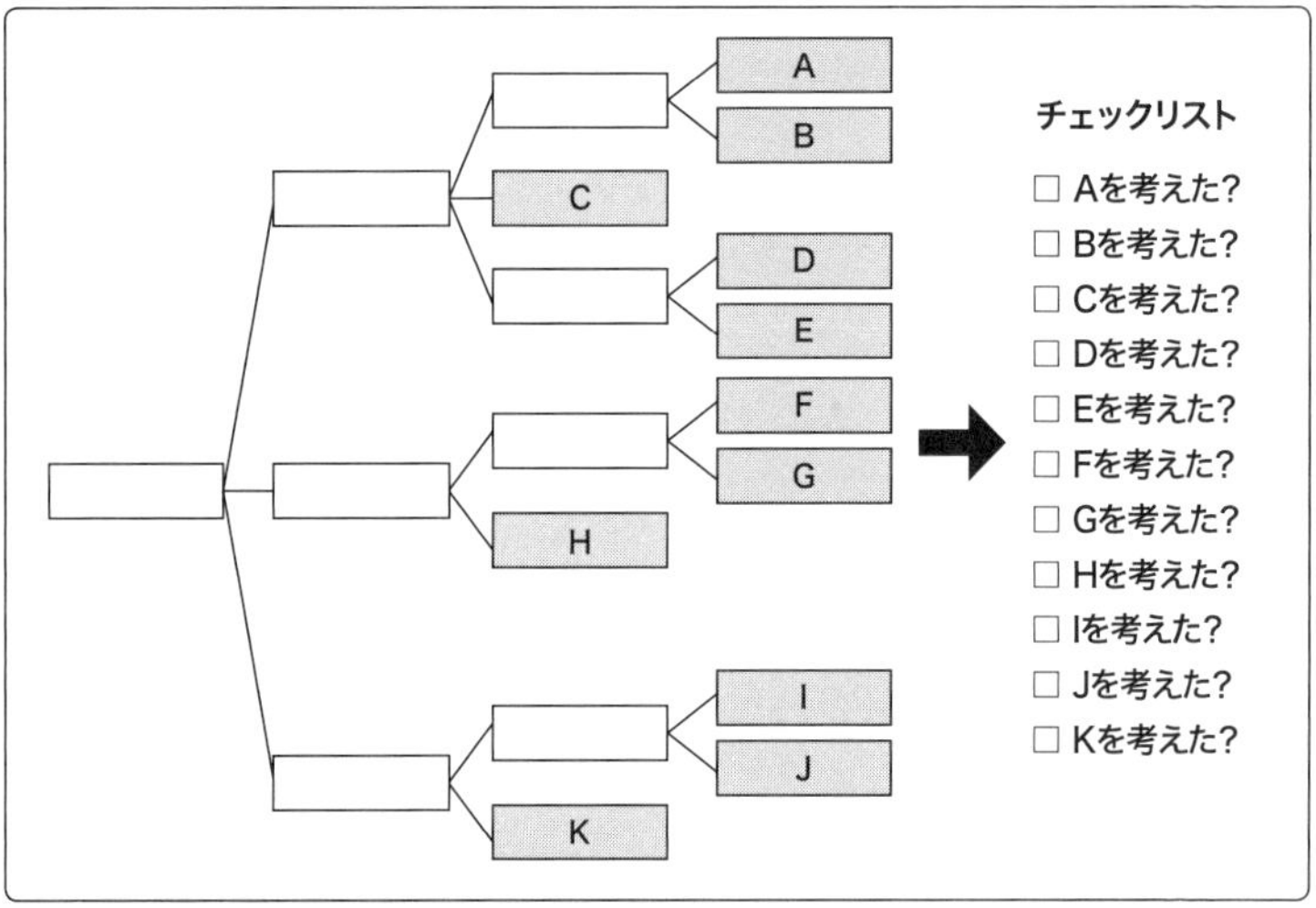

れさせていくことになる。

枝の末端をずらりと並べれば、それは思考のモレを防ぐチェックリストになっているはずだ。

たとえば枝の末端が10個あれば、それぞれについて仮説を考えていけばいい。そうすることで、僕たちは発想モレを防ぐことができるというわけだ。

ロジックツリーの本質は「論理の筋道×直感の飛躍」

前項で僕たちは、言葉を明確にしながら項目を分解し、網羅的なチェックリストをつくることの重要性を確認した。

しかし、いくら分解を繰り返したところで、言葉の分解から生まれるのはチェックリストにすぎない。

つまり、123ページで見たような具体的なアイデアには、決してたどりつけないのである。だとすれば、どうすればいいのか？

論理思考は「直感」があって初めて完結する

突然だが、杉山《すぎやま》恒《こう》太郎《たろう》さんという方をご存知だろうか。

もしも名前を知らなくても、こんなフレーズはどこかで耳にしているだろう。

「ピッカピッカの一年生」
「セブンイレブンいい気分」

杉山さんはこれらの名コピーを考えた元電通マンで、伝説的なクリエイティブディレクターとして知られている方だ。こんなアイデアが出てくるということは、よっぽど見事なひらめきの持ち主なのだろう、と僕たちはつい考えてしまいがちである。しかし、杉山さんご自身は、著書でこんなふうに語っている。

「テーマをロジカルに追い詰めて、追い詰め抜いたその先に、ロジックを超えて生まれてくるのが、本物のアイデア」（杉山恒太郎『クリエイティブマインド』インプレスジャパン）

まさにここで杉山さんが語っているとおり、チェックリストに基づいて具体的な答えを出す段階には、ロジック（論理）を超えることが必要になる。

チェックリストというのは、思考の「範囲」を絞り込んだものにすぎない。その範囲の中から、何か具体的なアイデアを出すときには、やはり直感が欠かせないのである。

ロジックツリーは本質的に「論理以外」も含む

さきほどの例で「公園からハトが減った原因」について検討した際、メンバーからは「天敵の数が増えて、ほかの地域にハトが逃げ去っている」という仮説が出てきていた。

こうした具体的なアイデアは、原因をどこまで論理的に分析していっても出てこない。せいぜい絞り込めても、「ハトの減る割合が増えているのではないか？」→「公園外に流出する数が増えているのではないか？」→「ほかの地域に飛び去る数が増えているのではないか？」くらいまでである。

ただ、大切なのはそこまで思考の範囲を絞り込んでいることである。「天敵が増えた」をいきなり思いつけない人でも、論理思考によってチェックリストをつくり、「ほかの地域に飛び去る個体が増えている？」という項目を検討すれ

チェックリストに対して直感を働かせる

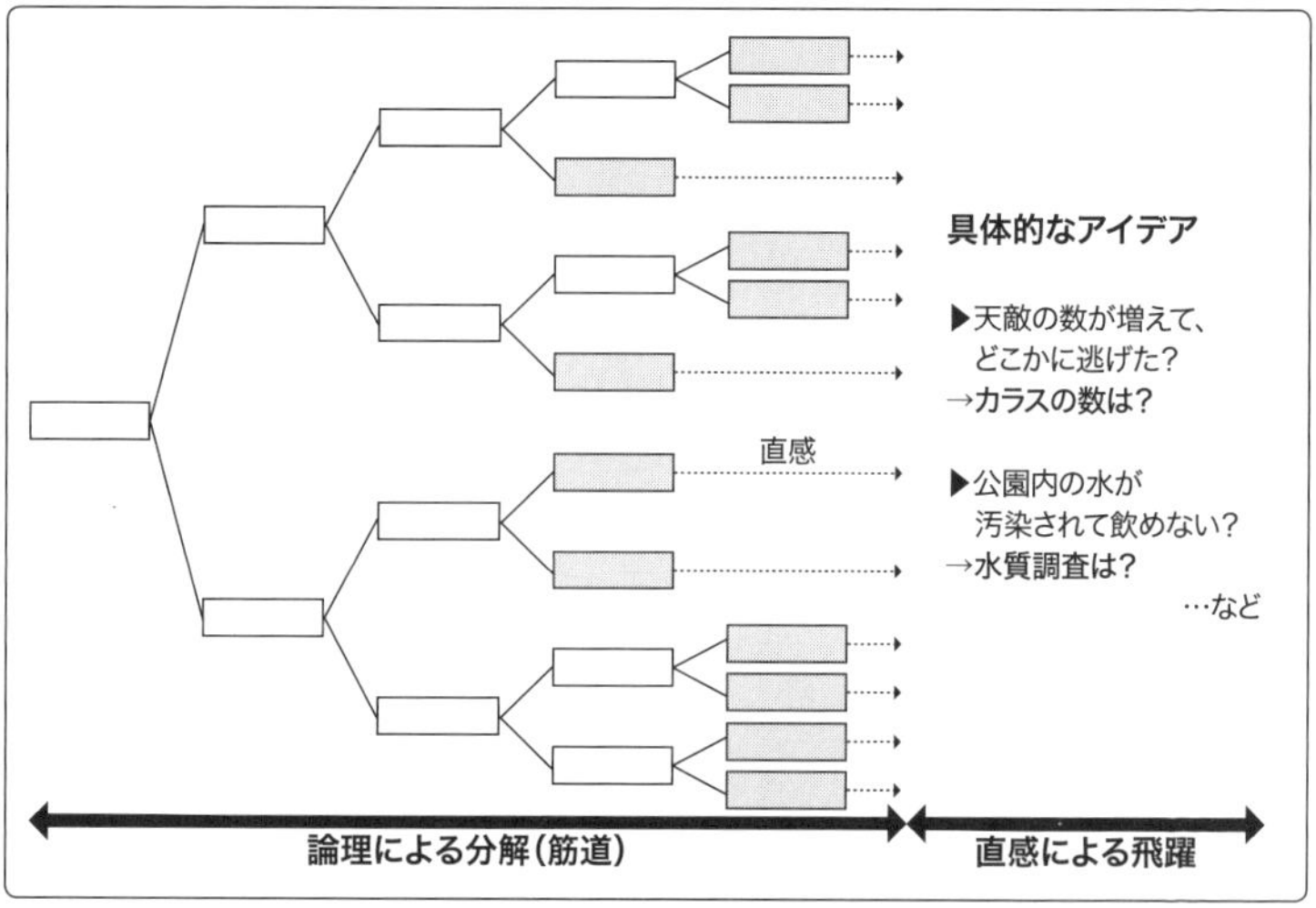

ば、「天敵が増えた」という発想を直感で出せる可能性はかなり高まる。同様に、ほかのチェック項目についても、こうやって直感で出した具体的なアイデアがそれぞれぶら下がっていくことになる。

じつはこれが、世の中で**ロジックツリー**とか、あるいは端的に**ツリー**と呼ばれているものの本質である。

ロジックツリーと呼ぶくらいなので、純然たる論理だけで構築されているものだと思いがちだが、ただ物事を整理するだけでなく、確実に発想を広げるためのツールとして考えた場合、ツリーは必ず直感の要素を含む。

つまり、ツリーというのは、論理思考によってチェックリストをつくり、直感の適用対象を極限まで広げた結果にほかならないのである。

「直感の力」がないのを嘆くのはムダ

このように、論理と直感は相反するものではない。むしろ、両者の間にうまく補完関係をつくれるかどうかが、発想の戦場における勝敗を分けるのである。

しかし、「最後は直感」という話をすると、「おお！　直感でいいんですね」と安心する人がいると同時に、「なんだ、結局は直感次第なのか……」と失望する人もいるかもしれない。後者は、自分のひらめきの力に自信がない人だろう。

たしかに、直感やひらめきの能力に優れた人というのは存在する。僕は自分がそうした能力に秀でているとは思わないし、それを磨く方法があるのかどうかも知らない。

ただ1つ、たしかだと言えるのは、直感の力がないことを嘆くのは時間の無駄だということだ。そうした天賦の才を持たない人たちが唯一やるべきことは、論理思考の力を高めること、その基礎となる言葉の力（語彙力）を磨くことである。


あなたの前に大きな砂漠が広がっているのを想像してほしい。その砂漠のどこかに宝が埋まっている。

ものすごい直感の持ち主は、その広大な砂漠にいきなり駆け出していって、「ここに埋まっているに違いない！」と目星をつけ、そして実際に宝を掘り当ててしまう。そんな直感力があるわけでもないのに、あてずっぽうに砂を掘り返していては勝ち目はない。

僕たちにできるのは、論理のチェックリストをつくり、宝の場所を「絞り込む」ことである。絞り込んだ末に、最終的にどこを掘るかは直感に頼らざるを得ないが、範囲を絞って「この半径3メートルの円の中のどこかにある」とわかれば、宝を掘り当てられる確率はぐっと高まるはずだ。

最後は「直感による飛躍」が欠かせない

もう1つ別の比喩も考えよう。あなたの前に深い深い谷が広がっている。後ろからは、時間という名の猛獣が迫っており、あなたはなんとかしてこの谷の向こう側に渡らなければならない。

直感や思いつきだけに任せて何らかのアイデアに飛びつくのは、この谷をいきなり一飛びに超えようとする行為に等しい。人並み外れた跳躍力（直感力）を持った人であれば、ごくまれに向こう側に着地できるかもしれないが、た

論理思考で宝の場所を絞り込む

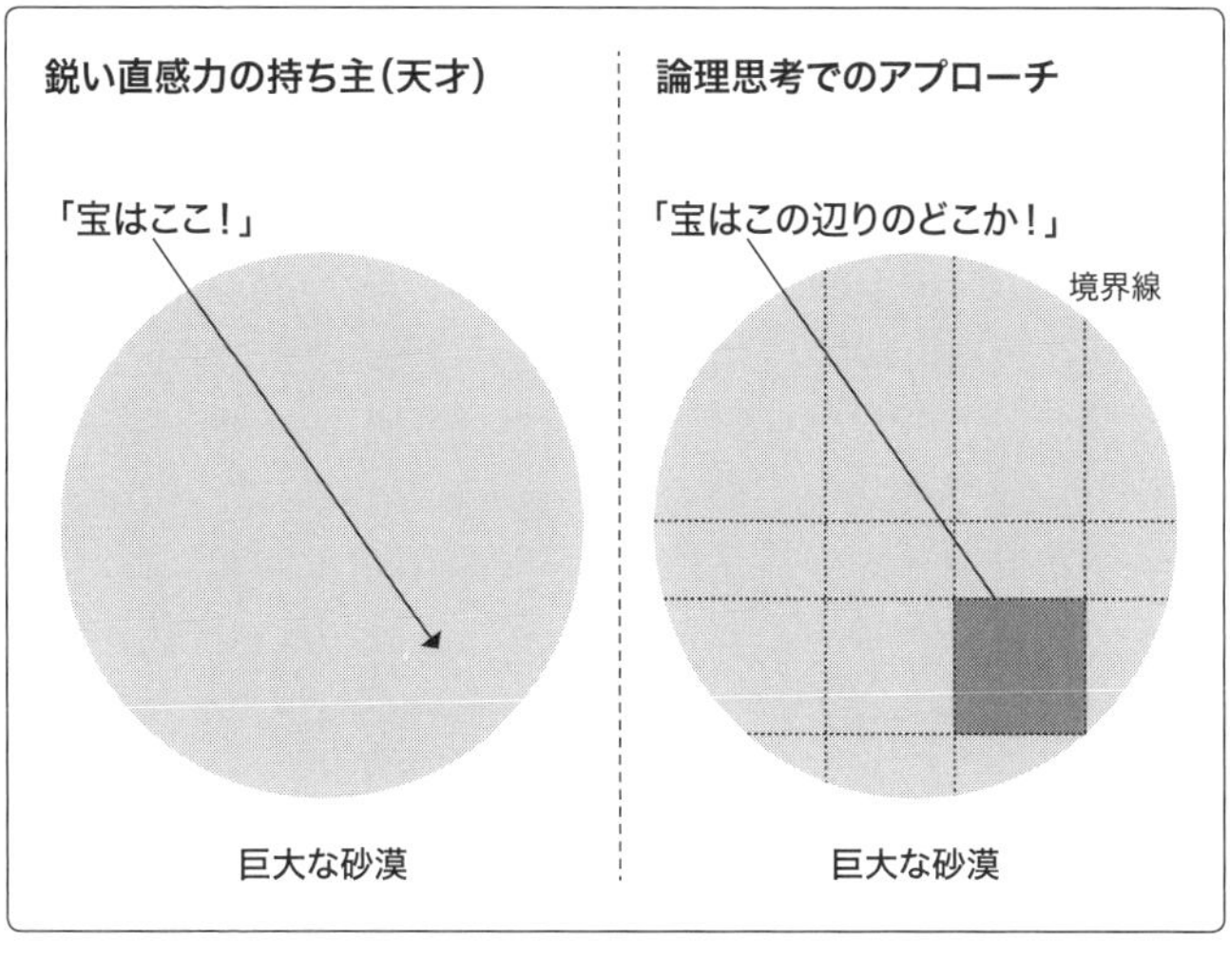

いていの人間は真っ暗な谷底へ転落死するのが目に見えている。

論理思考を使って発想の幅を広げることは、この谷に橋をかけることに似ている。後ろの猛獣があなたに追いつくギリギリのタイミングまで、あなたは論理の橋をかける。

しかし、それだけで向こう側にたどりつくことはできない。最後は直感というジャンプをするしかないのである。しかし、橋が長ければ長いほど、そのジャンプが成功する確率は高くなるはずだ。

つまり、まずはギリギリまで橋をかけ続ける努力が必要なのだ。杉山さんが「ロジカルに追い詰めて、追い詰め抜いたその先に」と語っているのも、そういうことであろう。


ただし、ビジネスの競争においては、時間という要素が絡んでくることは絶対に忘れてはいけない。

論理の橋をできる限り伸ばすことは重要だが、この橋をかけるのには時間がかかる。じつはもう直感でジャンプしてしまえば、向こう側にたどりつけるのに、つい橋をつくることに夢中になっていないだろうか。

橋をかけている途中であっても、タイミングを見計らって「えいや！」で直感のジャンプをしてしまったほうが、ビジネスに勝てる可能性が高くなることもあるので注意が必要だ。

なぜマッキンゼーは「MECEに考える」のか？

勉強熱心な読者の方であれば、前項の内容を受けて、「これは『MECEに考えろ』という話だな……」と先回りしているかもしれない。これは、いわば半分当たっているが、半分外れている。

と、その前に、MECEという言葉を初めて見た人（あるいは、見たことはあるけど中身は忘れてしまったという人）もいると思うので、これについて簡単に解説しておこう。

MECEというのはもともとマッキンゼーの社内用語で、「ミーシー」ないし「ミッシー」と読む。「Mutually Exclusive and Collectively Exhaustive」の頭文字をつなげたもので、直訳すれば「相互に排他的、かつ、全体として網羅的」となる。

これだと少々わかりづらいので、「ダブりなく、モレなく」などと説明されていることも多い。

一般に、問題や課題（マッキンゼーの社内用語だとイシュー）を解決する際には、いくつかのより小さなイシューに分解する必要がある。「イシューはMECEに、つまり、ダブりなく、モレなく分解するべし」というのがマッキンゼーの約束事である。これがいままではかなり一般化して、論理思考や問題解決の入門書でも語られる定番テーマとなっている。

モレてはいけないが、ダブってもいい!?

僕がここまで語ってきたことは、2つの点で教科書的な意味でのMECEと異なっている。

① 一般的なMECEのルールと違って、ダブりを許容している
② 一般的なMECEのルールと違って、発想を広げることを目的としている

まず①について見ていこう。MECEは項目間の重複を認めないものの、僕が語っているチェックリストはダブりをよしとしていた（122ページ）。発想のモレを防ぐという目的にとっては、項目間の重複はプラスにもマイナスにもならないからである。

たとえば、国内企業を対象とするビジネスを展開しているある会社が、新規の営業ターゲットを決める際に、まず次の3つに分けたとしよう。

- 東京都内の企業
- 年商100億円以上の企業
- 年商100億円未満の企業

この分け方にはモレはないが、ダブりがある。なぜなら、都内の企業にも年商100億円以上の企業、100億円未満の企業が含まれているからである。

これはたしかに効率が悪い。ダブりがないほうがチェックリストとしてシンプルであるのはたしかだ。

しかし、こうして出来上がったチェックリストのせいで、ダブっている会社に2度営業をかけてしまうかというと、まずそんなことはないだろう。万が一そうなったとしても、そこがリストから漏れて、競合に奪われてしまうよりはマシかもしれない。

一方、モレのある分け方は、それをもとにどれだけ発想を広げようとしても、その先もずっとそのモレを継承してしまう。

・東京都内の企業
・年商１００億円以上の企業

たとえば、こんな2項目をいくら分割していっても、「東京以外の年商１００億円未満の企業」は潜在顧客リストには上がってこない。そうこうしているうちに、同業他社がそれらの企業から大量に案件を取り、いやというほど「しまった」を味わわされることになるかもしれない。

とにかく「勝つこと」「負けないこと」に特化するのであれば、モレを防ぐことに注力すべきであり、ダブりはそこまで心配する必要がないという結論になるのだ。

モレは致命的だが、ダブりは許容できる

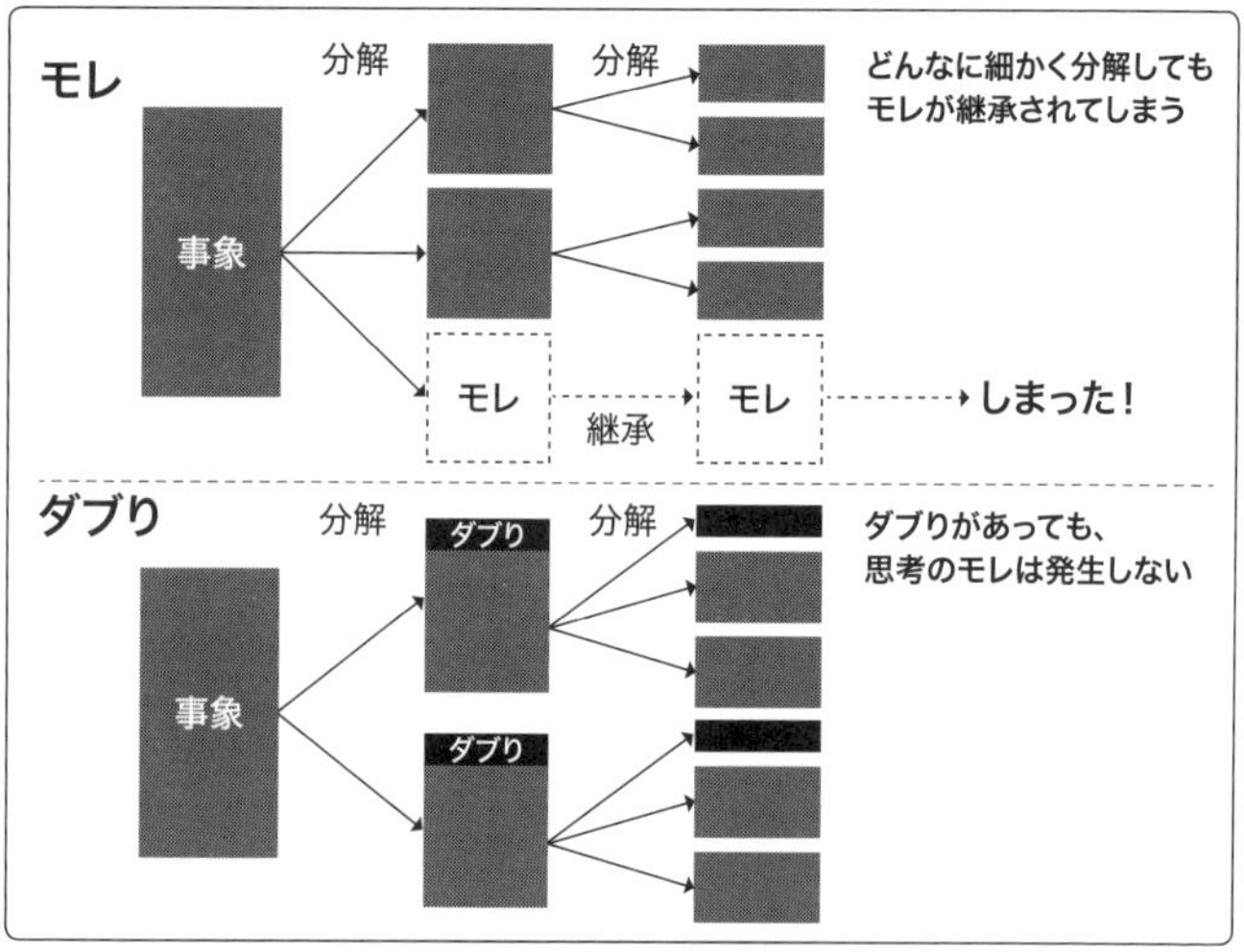

とはいえ本来、論理的に考えることができていれば、どの項目もMECEに、つまり、モレだけでなくダブりもなく分解できるはずである。つまり、ダブりが出るということは、どこかで論理に不十分なところがあり、言葉の境界線が曖昧である証拠だということは意識しておくべきだろう。

MECEに整理しただけでは意味がない

さきほどの2点のうちの後者「②発想を広げることを目的としている」は、実践的な意味でより重要である。

つまり、MECEに考える目的は、問題をツリー状に整然と分類することではない。発想の質を高めるという、より高次の成果を目指しているのである。

研修などでもロジックツリーやMECEの話をして、いざ演習をやらせてみると、こんなことを言う人がいる。

「いつまで経っても、例題とか模範解答にあったような、きれいなツリーがつくれません」

これはＭＥＣＥに考える本来の目的を見失っている典型である。ＭＥＣＥに考える目的は、完全に枝分かれしたツリーをつくることではない。「バカの壁」を意識化し、より一層アイデアを引き出しやすくすることである。

つまり、ツリーの分解は不完全でもかまわないのだ。よいチェックリストの条件を「項目ができる限り具体的であること」としておいたのは、そうした理由からである（１２２ページ）。ある程度まで分解したところで、自分の発想の見落としに気づけたのであれば、そのツリーには十分な意味があったことになる。

また、ビジネスはスピード勝負であり、与えられている時間は有限である。残された時間の範囲内で、なるべくツリーを枝分かれさせていき、「バカの壁」を発見できればそれでいいのである。むしろ実務レベルでは、ツリーを完成させる途中で、「バカの壁」が見つかることのほうが多いはずだ。

この点は大いに強調しておきたい。「学ぶ」のが大好きな人ほど、ＭＥＣＥやロジックツリーの知識に当てはめることに躍起になって、時間を無駄にしている。まさに「生兵法は大怪我のもと」である。

「本当によく考えたか」を確実に評価する方法

「時間が許す限り、できるだけ具体的に項目をＭＥＣＥに分解していけばいい」と言っても、「分け方」にもコツがある。細かく分解すればいいというものでもないのだ。

うまいMECE、ヘタなMECE

たとえば、「公園のハトが減った原因」として、直感的に次の仮説が浮かんだとする。

- 何者かがハトを捕獲して連れ去っているのではないか？
- 致死性の高いハト特有の伝染病が流行しているのではないか？
- 何らかの人工物が障害となって事故死するハトが増えているのではないか？

こうした仮説だけしか見えていないとき、下図の部分に「バカの壁」が入っていると言えるだろう。つまり、「減少する割合が増えた」という前提の下でしか考えていないと気づいていないのである。

このとき、もう一度根本に立ち返って、「公園のハトが減っている」を検討したとき、これが次の2つに分解できると気づいたとする。

・増加するハトの割合が減っている
・減少するハトの割合が増えている

この分け方に気づいた直後から、あなたは「増加する割合が減っている」についても、さらなる分解を始めるだろう。これが「発想の範囲が広がる」ということである。

つまり、「優れたMECEな分け方」があるとすれば、それは「バカの壁」が見つかるような分け方である。

公園のハトが減少した理由

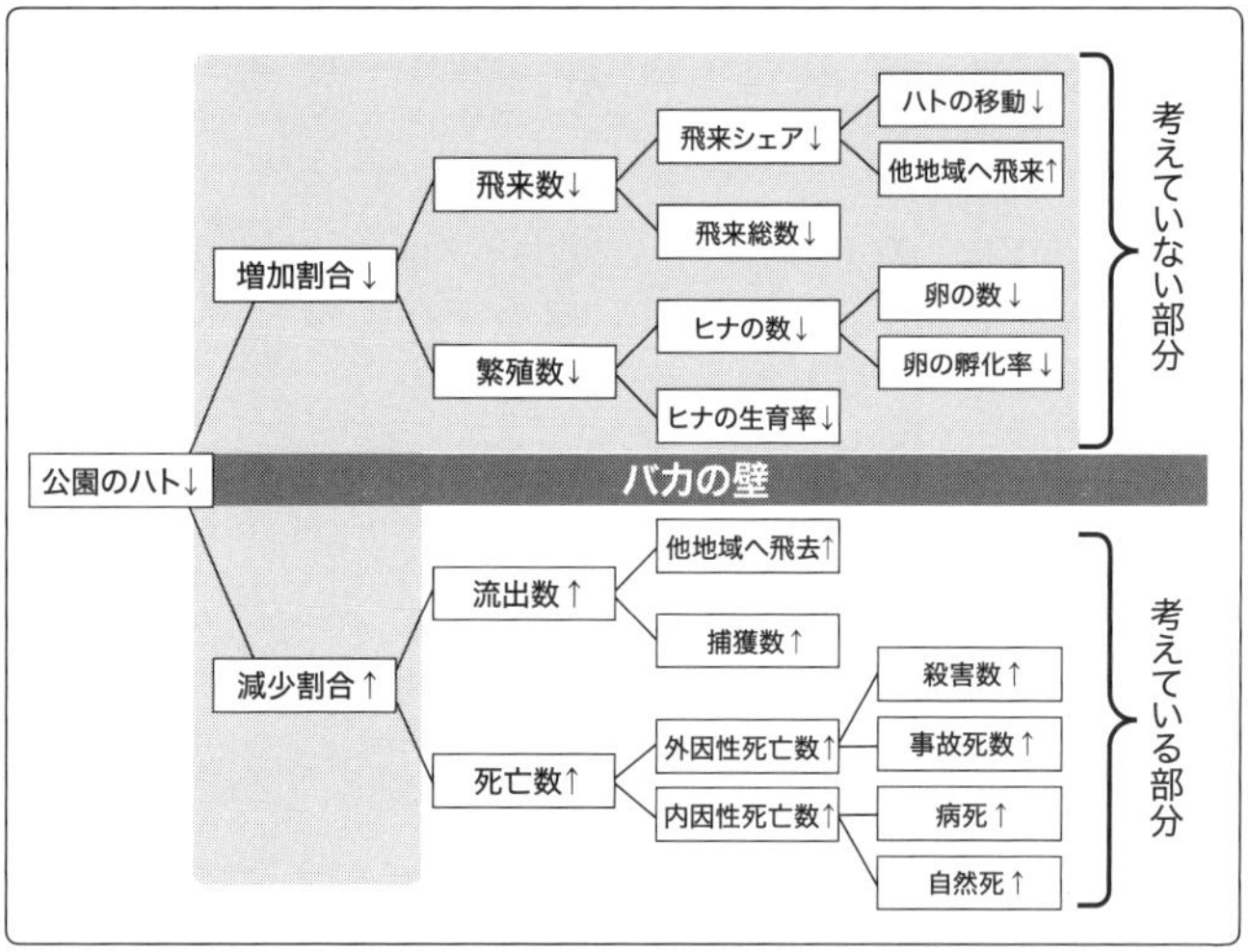

逆に、「ハトの死亡数が増えている」の原因として、

- 殺される数が増えている
- 事故死する数が増えている
- 病死する数が増えている
- 自然死する数が増えている

というのも、同じツリーの下半分を分解していく過程で出てくる項目だが、こちらは「バカの壁」に囲まれた範囲内で分解を進めているにすぎない。その意味で、発想を広げるのにはあまり寄与していないと言えるだろう。

つまり、有意義な分解は、「自分がどこについて考えていて、どこについて考えていなかったかがわかる」ような分け方だということだ。

「あ!!　こっち側を見落としていたぞ。危ないところだった……」という気づきが得られるかどうか次第なのである。

「発想が広がったかどうか」を判定する唯一の基準

「ツリーを完成させることが目的ではない。『バカの壁』がどこに入っているかは一人ひとり異なるので、分解の仕方に模範解答はない。自分の壁にぶち当たるまで試行錯誤を続けよう」というようなことを研修で話すと、みんな少し困ったような顔をする。

つまるところ、「あとはみんなの努力次第。できるだけがんばれ！」というきわめて精神論的なメッセージだと受け取られるからだろう。

しかし、そんなことはないので安心してほしい。論理思考によって本当に発想が広がったのかどうかについては、明確な判断基準があるからだ。

ＭＥＣＥに考えることに成功しているかどうか、その基準になるのは、当然のことながら、細かく枝分かれした見事なツリーをつくれたかどうかではない。

では、何がカギになるのか？

「直感だけで発想したときよりも、発想が広がっているか？」――これに尽きる。

直感的にパッと思いついたアイデアが3個あって、そのあとツリーをつくりながらMECEに分解して考えた結果、アイデアが7個になったとしよう。

これが「直感よりも発想が広がった」ということである。発想の幅が広がっているということは、「しまった」が起きる可能性が減ったことにほかならないのだから、この場合はやはり論理的に考えた意味はあったのである。

直感よりもアイデアが広がれば成功

僕の研修でも、演習問題を出す際には、まずグループ単位で最初にブレーンストーミングをしてもらう。

アイデアを出してもらうときは、順序立てて考えずに、とにかく各メンバーが直感的に思いついたアイデアを出していく。

直感よりも広がれば、論理思考は成功

直感で発想

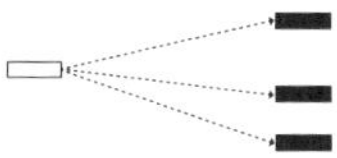

仮説

- □ ほかの地域に流出するハトが増えている?
- □ 捕獲されるハトが増えている?
- □ 殺されるハトが増えている?

➡ アイデア数 3個

論理で発想

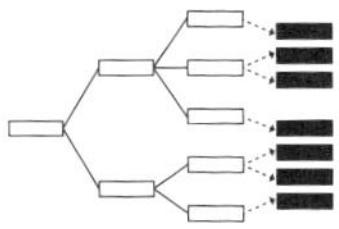

仮説

- □ 公園内のハトが産む卵の数が減っている?
- □ 公園内のハトが産んだ卵の孵化率が下がっている?
- □ ほかの地域に流出するハトが増えている?
- □ 捕獲されるハトが増えている?
- □ 殺されるハトが増えている?
- □ 事故死するハトが増えている?
- □ 病死するハトが増えている?

↑直感でも出たアイデア

➡ アイデア数 7個

そのあと、ＭＥＣＥのルールを意識しながらツリーをつくってもらう。チームによって完成されるツリーはバラバラである。同じ事象に対しても、無数の分解の仕方がある。

大切なのは、そうした論理思考の結果として出てきたアイデアが「これはとても発想できなかった」というレベルのものではないということだ。「さっきはたまたま思いつかなかったけど、たしかにこんなアイデアもありだな」というぐらいのアイデアで十分だ。それこそが、頭の中の潜在的アイデアをより多く引き出し、「しまった」を減らすということだからである。

「でも、本当に大したアイデアじゃないんですよ？」

などと言う人がいる。しかし、よく考えてみてほしい。ビジネスにおけるほとんどの敗北は、その「大したことがないアイデア」を引き出せなかったせいで起きているのだ。

そして、ほとんどの勝利は、たまたま競合が思いつけなかった「ちょっとしたアイデア」を引き出せた結果なのだ。

「アイデアを絞る」のは「アイデアを広げる」のほど難しくない

競合よりも高い質の発想をしようと思うのなら、MECEに考えて「バカの壁」が入るのを防ぎ、広く発想しなければならない。

しかし、こんな疑問を抱きながらここまで読み進めてきた人はいないだろうか？

「いくら発想の範囲を広げて、たくさんのアイデアを引き出せたとしても、結局のところ、私たちはどれか1つに絞り込んで実行しなければならないですよね？　そのときに、イマイチなアイデアを選んでしまうかもしれない。どうすれば『思いついた中ではこれが最善のアイデアだ』と判断できるのでしょうか？」

もっともな疑問だ。よいアイデアを発想するためには、発想を広げる**「拡散」**のプロセスだけでなく、その中からどれか1つに絞り込む**「収束」**が不可欠である。

そうは言っても、圧倒的に重要度が高いのは拡散のほうである。

なぜなら、7つのアイデアが俎上《そじょう》に出ていれば、そこからどう収束させるかを悩む余地が出てくるが、そもそもアイデアが3つまでしか拡散していなければ、どう収束を工夫しようと、残りの4つは選択肢の内にすら入ってこないからだ。よい収束のためには、よい拡散が不可欠なのである。

加えて、アイデアの収束は、拡散よりも容易であるケースがほとんどだ。たとえば、ある戦略のアイデアが30個まで拡散しても、それがすべて実行可能であるケースはまずない。実ビジネスにおいてはリソースが限られているので、予算や人員の規模と折り合わないアイデアは自ずと淘汰される。時間的な制約が厳しいときには、あまりにも長期にわたる戦略は選べないし、どうしても資材の調達が間に合わず断念することになるアイデアもあるだろう。逆に、甚大なリソースがあるのなら、絞り込みなどせずに片っ端からすべての戦略を試してみてもいいのである。

どのアイデアを選び取るかにあたっても、評価基準を設定し、アイデアの間に優先順位をつけるときには論理思考が必要になる。だが、それを参考にしてどれを選ぶのかについては、最後の最後で直感に頼らざるを得ない。つまり、アイデアの拡散においても、収束においても「論理＋直感」が必要なのである。

「他人のフレームワーク」で思考の「しまった」を回避

第1章で僕たちは「考える」と「学ぶ」の違いをこんなふうに整理した。

・学ぶ　＝　既存のフレームワークに当てはめて答えを導く
・考える　＝　自分でつくったフレームワークから答えを導く

既存のフレームワークに当てはめて答えを出すというのは、言ってみれば、「他人がつくってくれた橋」を渡ることだと言っていいだろう（橋の比喩は133ページ）。ただしその橋は、学びさえすれば誰にでも渡れる橋であり、競合と差をつけるのは難しい。もっと言うと、学びが得意な学歴エリートたちと真っ向から勝負することになるフィールドなので、多くの人にとってはあまり賢い選択ではないという話をした。

しかし、再三繰り返しているとおり、ビジネスはスピードである。「速さ」を追求するという意味では、他人がつくってくれた橋を利用しない手はない。

フレームワークがあると「バカの壁」に気づける

ここまでの内容を踏まえると、既存のフレームワークというものの意味が違って見えてくる。たとえばマーケティングの4Pが、多くの人にとって有用なフレームワークである理由はどこにあるだろうか？

そう、それは「マーケティングに必要な要素をMECEに分けてくれる境界線」として、一定の信頼を得ているからである。

たとえば、あるメーカーの売上が落ちたとき、開発部門の人であれば「トレンドが変わったんだ。商品をリニューアルしよう（製品）」というアイデアが浮かぶ。営業部門の人であれば、「陳列の状況が悪いのではないか（流通）」、宣伝部門の人であれば「商品の知名度が下がっているのではないか（プロモーション）」と考えてしまうかもしれない。多かれ少なかれ、人は自分が抱える仕事の視点にとらわれて問題を見てしまうのである。

しかし売れなくなった原因は、競合商品が値下げを仕掛けてきたことにあるかもしれない（価格）。にもかかわらず、価格戦略にまで発想が広がっていかない。その結果、「しまった」が起きるのである。

こうした見落としは、たとえば4Pというフレームワークを参照していれば防げたかもしれない。

直感的には「売上不振の原因は商品そのものにあるはずだ」と思ったのだとしても、一旦はその仮説をわきに置いておいて、製品（Product）、価格（Price）、流通（Place）、プロモーション（Promotion）の4方向から、なるべく広くたくさんの仮説を出してみる。

そうすることによって、先述のような「バカの壁」が入るのを避けることができるのである。

マーケティングの4P

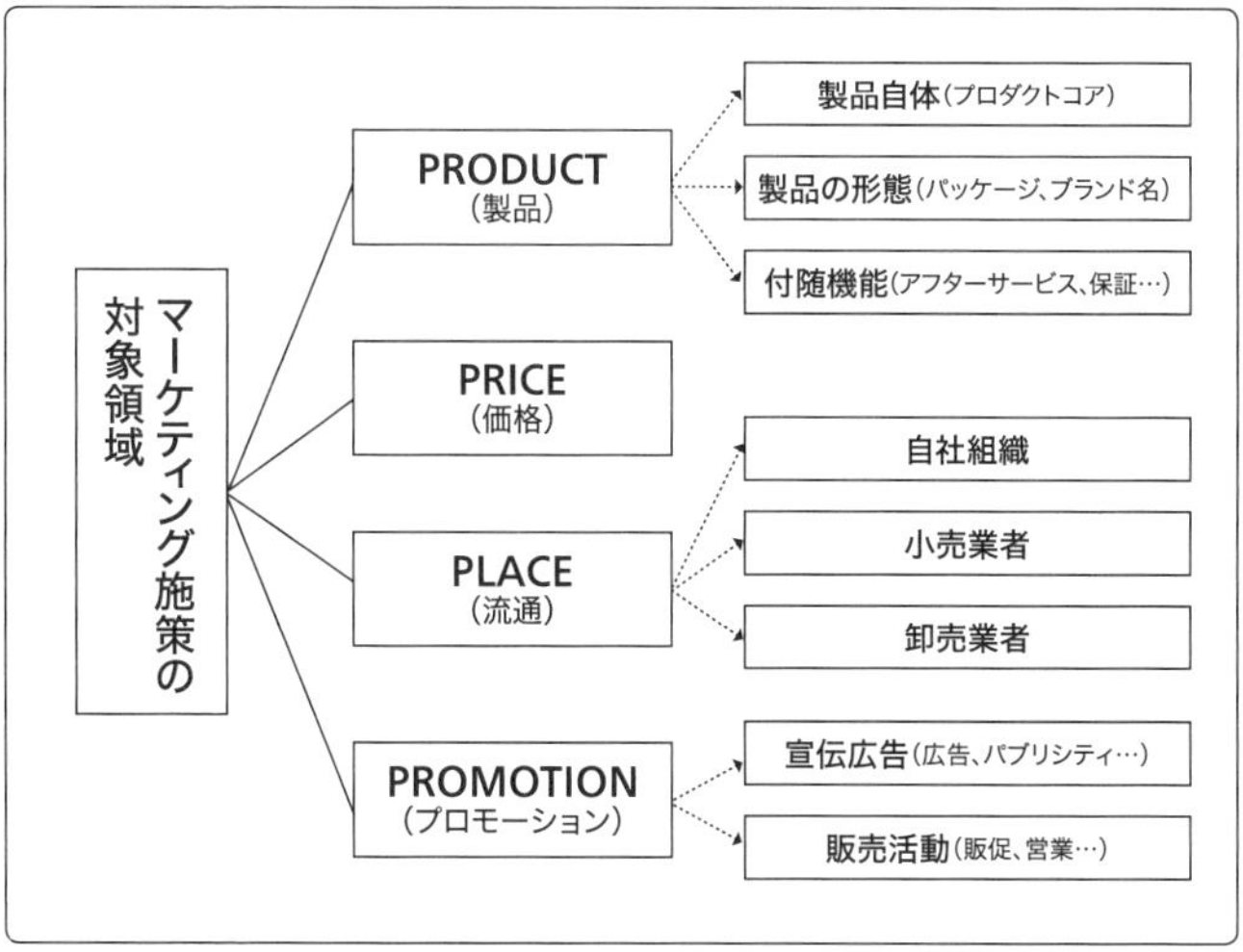

ほとんどのフレームワークは「不完全」である

この例からわかるとおり、いわゆるビジネス理論として紹介されているほとんどのフレームワークの本質はチェックリストである。

このフレーム（境界線）に沿って問題や課題をＭＥＣＥにツリー分解していけば、原因や解決策を見落とす可能性を減らせるというわけだ。

この論点は意外と注目されていない。フレームワークはただ枠を埋めて事象を整理するためのものではない。発想のモレを防ぎ、より発想を広げるためのツールなのである。

ただ、注意しなければならないことが2つある。

1つは、このフレームワークは絶対的なものではないということだ。人によって「バカの壁」の入り方は違う。誰にとっても、このフレームの分け方が「バカの壁」の発見に役立つとは限らないのだ。

学びが得意な優等生タイプの人ほど、「マーケティングはこのフレームに沿って考えるんだ」と教えられた途端に、それを妄信し枠を埋めることに一生懸命になってしまうので、注意が必要である。

もう1つの注意点は、これらのフレームワークのほとんどが、事象を「最上流」で分解するものでしかないということだ。

すでに確認したとおり、優れたチェックリストの条件は「できる限り具体的であること」である。その意味では、こうしたフレームワークは、まったく具体的ではない。具体的なアイデアまでにはかなりの距離があり、直感のジャンプをするには、橋として短すぎるのだ。

4Pにしたがって対象を4つに分けたとしても、それだけをチェックリストにして直感に頼るのは危険である。そこからさらにMECEに分解を進め、もうこれ以上分けられないというところまで来てから、直感によるジャンプを試みるべきだろう。

したがって、どんなビジネスフレームも「万能なお手軽ツール」というわけではない。むしろ、確実性においても、具体性においても、不完全なものである。

論理思考の力があって初めて、フレームワークは有効に機能するということは、肝に銘じておくべきだろう。

第5章

発想の材料を増やす

知識の鵜呑み・食わず嫌いを無くす、したたかな戦略

なぜ、知識がある人ほど情報を「集めない」のか？

どれだけ発想を広げられるかは、①頭の中の情報量（アイデアの素材）、②情報が組み合わさって、潜在的アイデアに加工されている割合（加工率）、③潜在的アイデアを引き出せている割合（発想率）――この3つで決まる。

多くの人にとって最も有効なのは、③の発想率を高め、発想のモレを防ぐことである。そのための考え方を前章までで見てきた。

一方で、言うまでもなく①情報量や②加工率の改善も、発想を広げるうえでは欠かせない。発想率が高くても、そもそも引き出すべき潜在的アイデアが少なければ、当然、顕在化できるアイデアも限られてくるからだ。

そこでまずは①の「情報量（アイデアの素材）」をどう増やすかについて見ていこう。

知識は「総量」よりも「多様性」が肝心

頭の中の情報量というのは、創造的なアイデアの素材となるすべてのものである。知識量と言ってもいいかもしれない。

いくら知識があっても、それを引き出す力（発想率）がなければ意味がないと僕は強調してきた。「学ぶ」と「考える」を峻別して、これからは思考力のある人材に有利な時代がやってくると語ってきた。

そうは言っても、発想を広げるうえで知識が多いに越したことはないし、情報＝アイデアの素材をインプットするうえでも、工夫できることは2つある。

頭の中の情報をどう増やすか？

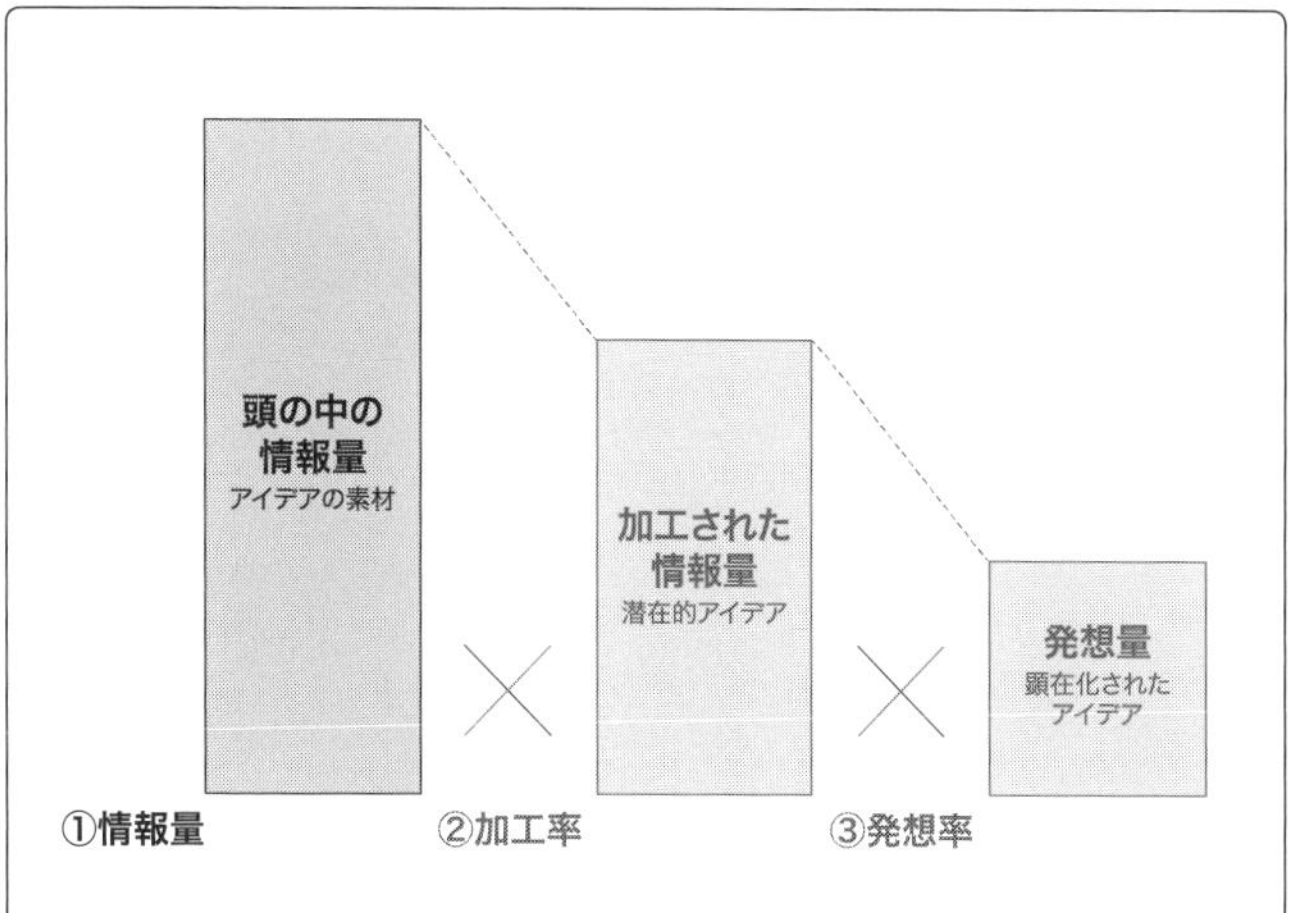

①　頭の中の情報は「絶対量」を増やすよりも、「幅（多様性）」を広げるべき

②　頭の中の情報を「知識」で終わらせず、「知恵」へと深めるべき

②は「加工率」をいかに高めるかという話なので、170ページ以降で別途触れる。
まず論じたいのは①のほうである。

頭の中の情報の「絶対量」を増やすよりも「幅」を広げる、という話は少々わかりづらいかもしれない。幅を広げれば当然、絶対量も増えるからだ。

ここで言いたいのは、絶対量を増やすにしても、「偏り」をなくしたほうがいい（＝多様性を増やしたほうがいい）ということである。

なぜ夏目漱石は「ウィンドウショッピング」を重んじたのか？

かつて文豪・夏目漱石《なつめそうせき》のもとに地方出身の学生が訪ねてきたときのこと。学生が「私は小説家になりたいのです」と語ると、漱石はこんな質問をぶつけたという。

「君はウィンドウショッピングが好きかね？」

若者は大変真面目な学生だったので、「ウィンドウショッピングなんかしている時間があったら、私は書斎で本を読んでいます」と答えて、文学への情熱をアピールした。しかし、それを聞いた漱石は、「君は小説家に向かないからやめておきなさい」と諭したそうだ。

このエピソードはさまざまに解釈できると思うが、漱石がここで「ウィンドウショッピング」と語っているのが、知識の「幅」を広げるということに通じていると僕は考えている。

頭の中の情報量を増やそうというとき、あなたはどんなことをするだろうか？

書店に行って本を買う人、インターネットを検索する人、セミナーなどに参加する人、いろいろいるだろう。しかし、ここにも「バカの壁」が入り込んでいるはずだ。

つまり、あなたがその本を手にとったことにも、その人に話を聞きに行ったことにも、必ず何らかの前提がある。そうでなければ、「この情報が自分に役立つはずだ。学んでみよう」という判断ができないからである。

こうして勉強することが悪いと言いたいわけではない。しかし、どれだけ自分で知見を広げているつもりでも、結局のところ、それらの情報収集は、自分の経験・知識・常識の枠組みの中で行われるものでしかない。つまり、情報の総量は増えていても、本当の意味で幅が広がっていないのである。

それに対して、ウィンドウショッピングというのは、ある意味、無目的の情報収集（正確には収集とは言えないが）だと考えられなくもない。もちろん、自分の足で歩いているという意味では能動的な部分があるが、ぼんやりとしながらフラフラと歩き回り、情報が向こうから勝手に飛び込んでくるのを待っている受動的な状態である。

これを僕は**情報流入**と呼んでいる。

小説家のような高い創造性が要求される仕事をするためには、アイデアの素材に多様性（幅）がなければならない。「ウィンドウショッピングが好きか？」と学生に尋ねた漱石は、情報流入の習慣を学生が身につけているかどうかを確認していたのではないだろうか。

徹底的に「受け身」な人ほど知識の「幅」が広がる

知識に多様性を持たせるためには、どうしても情報流入が必要である。だが、こちらから情報をとりにいくのではなく、完全に受動的な状況をつくるというのは、意外に難しい。

たとえば、マーケッターがこんなことを語っているのを見たことはないだろうか？

「私は電車に乗っているとき、表参道なんかで途中下車してあてもなく街歩きをすることがあります。そうすると、イマドキの消費トレンドだとかマーケティングに関するヒントがたくさん見つかるんですよ」

しかし、これを本当に情報流入と呼べるかというと、じつはかなり怪しい。彼がその駅で降りて街歩きをしようと思った背景には、やはり何らかの前提があるはずだからだ。つまり、その人があらかじめ知りたいと思っていた現実にしか触れられていない可能性が高いのである。

本当に「受け身」な状態をつくろうと思えば、所ジョージさんの番組でやっている「日本列島ダーツの旅」のように、行き先そのものをランダムに決める仕組みを導入する必要があるだろう。

その意味で「書店でたまたま見つけた本」というのも、アイデア素材の多様性を広げるのに役立っているかは疑問である。本人がいくら「偶然の出会い」だと感じたのだとしても、その本を読みたいと思ったのには、必ず何か理由がある。

本屋を歩いていて、本棚からぽろっと落ちてきた本が頭にあたり、それを読むことにしたというのであれば、その読書はかなり受動的だと言えるかもしれないが。

「情報流入」の習慣で、データの大海を泳ぎ回れ

情報流入を実現しようと思ったら、そこに何らかの強制力を意図的に発生させるような仕組みが必要である。

そのためにはどんな手段が考えられるだろうか？

北野映画に生きた「因数分解」の情報流入

強制的な情報流入の1つの完成形として考えられるのが、学校の義務教育だろう。生徒たちがどんなことに興味を持っているのか、どんなことが得意なのかということは一切考慮しないまま、強制的にひと通りの知識を与えるのが現状の義務教育である。

多様な情報を偏りなく頭にインプットできるという意味では、学校教育にも一定の意味があるのかもしれない。

教育論をテーマとしたあるテレビ番組を見ていると、ちょっと生意気そうな中学生が登場してこんな質問をしていた。

「僕はいま中学生なんですけど、学校で因数分解を習っているんですよ。あんなもの、何の役にも立たないですよね。どうして因数分解なんて勉強しなきゃいけないんですか？」

大人たちはどう答えたものか考えあぐね、答えに窮していた。そんな中で「ちょっと待って。俺には役に立っているよ」と断言した人がいた。北野武さんである。

そのころに彼が撮っていた新作映画では、大勢の人が銃で撃ち殺されるシーンがあったそうだ。それを撮影するときに、因数分解の知識が役に立ったというのである。

たとえば、６人を撃ち殺すのだとすれば、まず１人目については銃をかまえるところから実際に弾が当たるところまでを撮影し、最後に銃口から煙が上がるカットを入れる。すると、あとの５人については、銃口から煙が上がるカットを５回入れるだけで、６人を撃ち殺したということが表現できる。これは要するに、６人を銃殺するという事象から「銃口から出る煙」という因数をくり出している行為に等しい。自分がこういう発想ができるのは、中学のころに因数分解を勉強したからである——。

彼のそんな説明を聞いたスタジオは「(すごい、さすが世界の北野だ……)」という雰囲気に包まれ、質問した中学生も含めてみんなが黙り込んでしまった。

同じことを学んでも、ここまでの知恵に深められるかどうかは別問題であるにしろ、やはりどんな知識が何に役立つのかはわからない。その意味でも、学校の教室のように、「興味のない情報が強制的に入ってくる環境」を構築するのは意外に大切なのである。

ウェブ空間は知識の多様性を奪う

一方、現代というのはますます情報流入がしづらい世の中になってきている。とくにインターネットの世界では、ソーシャルメディアやレコメンド機能が発達し、個人に流れてくる情報がますます偏るようになってきているからである。

アマゾンを開けば、過去の購入履歴・閲覧履歴に基づいた商品が勧められるようになっているし、スマートフォンなどのニュースアプリでも、個人の閲覧傾向に応じて表示されるニュースがカスタマイズされる。

ツイッターのようなソーシャルメディア上を流れる情報も、個人がフォローしたアカウントのつながりを経由して伝わってくるものばかりだ。個人の関心をうまくすくい上げる機能の利便性までを否定するつもりはないが、これらに頼りすぎていると、知識の幅や多様性はますます失われていく。知識の広がりそのものについても「バカの壁」が入り、自分がその範囲について「知らない」ということにすら気づかないようになってしまうのである。

知識や潜在的アイデアがない領域で敗北した場合には「しまった」とすら思えない。そこに待っているのは「まいった」であり、これは思考力ではいかんともしがたい。

これを防ぐためのいくつかの情報流入アイデアをご紹介しておこう。

読書

たとえば、「○○が選ぶ！　教養書20選」のような記事やリストを参考にして、それを片っ端から読んでみるという方法。この場合、重要なのは、選り好みせずに（あまり食指が動かないものも含めて）他人が選んだ本をそのまますべてを読むことである。友人から勧められた本を読むというのも、自分の選択を入れないための手段としては有効である。

ニュース

紙の新聞は、情報流入という観点では優れたメディアである。興味のないニュースも含めて、満遍なく掲載されているからだ。ここでも手っ取り早いのは、記事を選ばずすべて片っ端から目を通すようにすること。

とはいえ、毎朝、隅から隅まで目を通している時間があるという人は少ないと思うので、たとえば「1〜3面までの記事はすべて目を通す」などのルールをつくるといいだろう。こうするだけでも、自分から読もうと思わない記事が頭に入ってくる環境をつくれる。

テレビ

チャンネルを変えずにずっと同じ局をつけっぱなしにしておく。チャンネルを変えるというのは選択しているということだからだ。それを避けるには、同じチャンネルをつけておくのがいい。ふらっと定食屋さんに入ったときに、普段はあまり見ないような番組がついていて、それをぼんやりと眺めているときのような状況を擬似発生させるのである。

情報流入はハイリスク・ハイリーターンの投資

情報流入の目的をひと言で言えば、知識の「食わず嫌い」をなくすということである。情報のインプットから自発的な要素を消すために、最も手っ取り早いのは、「1~3面の記事はすべて読む」というようなルールで自分を縛ってしまうことだろう。コツとしては「スキップしないこと」である。

テレビのチャンネルにしろ、本にしろ、途中下車駅にしろ、僕たちは日常の中でいろいろなものをスキップ（素通り）している。これも一種の「バカの壁」である。ついうっかり見落としていた情報をインプットできる習慣をつくれば、あなたのアイデアの素材にはもっと広がりが出てくるはずだ。

ただし、この種の情報流入に短期的な効果を期待してはいけない。いますぐあなたのアイデアの質を高めたいのであれば、やはり発想率を引き上げることに集中したほうがいいだろう。アイデアの素材に幅を持たせたからといって、それがいますぐ成果につながるとは言えないからだ。

情報流入によるインプットは、ある種のハイリスク・ハイリターンな投資である。こうした多様性がたまたま役立ったというサクセスストーリーばかりについ目が行ってしまうが、ほとんどはムダな知識のまま終わる情報だと思っていたほうがいいだろう。

だからこそ、情報流入は、いますぐ答えを出さなければならないような短期的な問題解決には向かない。長期的なメリットを期待しながら、日常の「習慣」の中に取り入れるのが最も合理的だろう。

なお、通常の意味での「情報収集」に興味がある人は、第7章に別途まとめたので、そちらを参照してほしい。

単なる知識を「アイデアの種」に深める

すでに確認したように、「忘れている」には2つの意味があった。1つは頭の中に知識やアイデアそのものがない状況、もう1つは頭の中に知識やアイデアはあるのだが、それをうまく引き出せない状況。

発想がうまくいかないとき、僕たちはこの後者の「うっかり忘れ」の状況にある（76ページ）。

「頭から引き出す」にも2つの意味がある

それと関連して、発想すること（＝頭の中の潜在的なアイデアを引き出すこと）は、「思い出すこと」であるという話もした。

といってもこれは、決して僕個人のオリジナルな考え方ではなく、プラトンから杉山恒太郎さん、茂木健一郎《もぎけんいちろう》さんに至るまで、多くの方がじつは同じことを語っている。

だから、「思い出す」にも2つの意味がある。

1つは頭の中の情報（アイデアの素材）をそのまま引き出すこと。たとえば、学校のテストで「大化の改新が起きたのは？」という問題が出されたときに、「645年」という知識を引き出すような思い出し方である。

街でたまたま再会した友人の名前を思い出すとか、暗記していた電話番号を思い出すとかいうのも、こちらの領域に属している。

これは、前項で扱った「アイデアの素材」をそのまま引き出すような行為だ。いわゆる学歴エリートというのは、この種の「思い出す」に優位性を持っている人であることが多い。要するに、記憶力が優れているのである。

発想とは「加工した知識＝アイデア」の顕在化

一方、頭に入った生の素材を加工してから引き出すことも、「思い出す」と呼べるだろう。

アイデアの発想を問題としている僕たちにとっては、こちらの「思い出す」がより重要である。どれくらい知識や情報が潜在的アイデアのかたちに加工されているか、その割合を僕たちは「加工率」と呼んでいた。

ここでは、加工率を高める方法について考えてみよう。

インプットした情報をそのまま引き出すというのは、いわば「学ぶ」が得意な人間がこれまでやっていたことである。

そうではなく、知識を知恵と呼べるようなものに深め、アイデアのかたちに加工するためには、どんなことが必要なのだろうか？

取り入れた「情報」をどれだけ「アイデア」に変えるか？

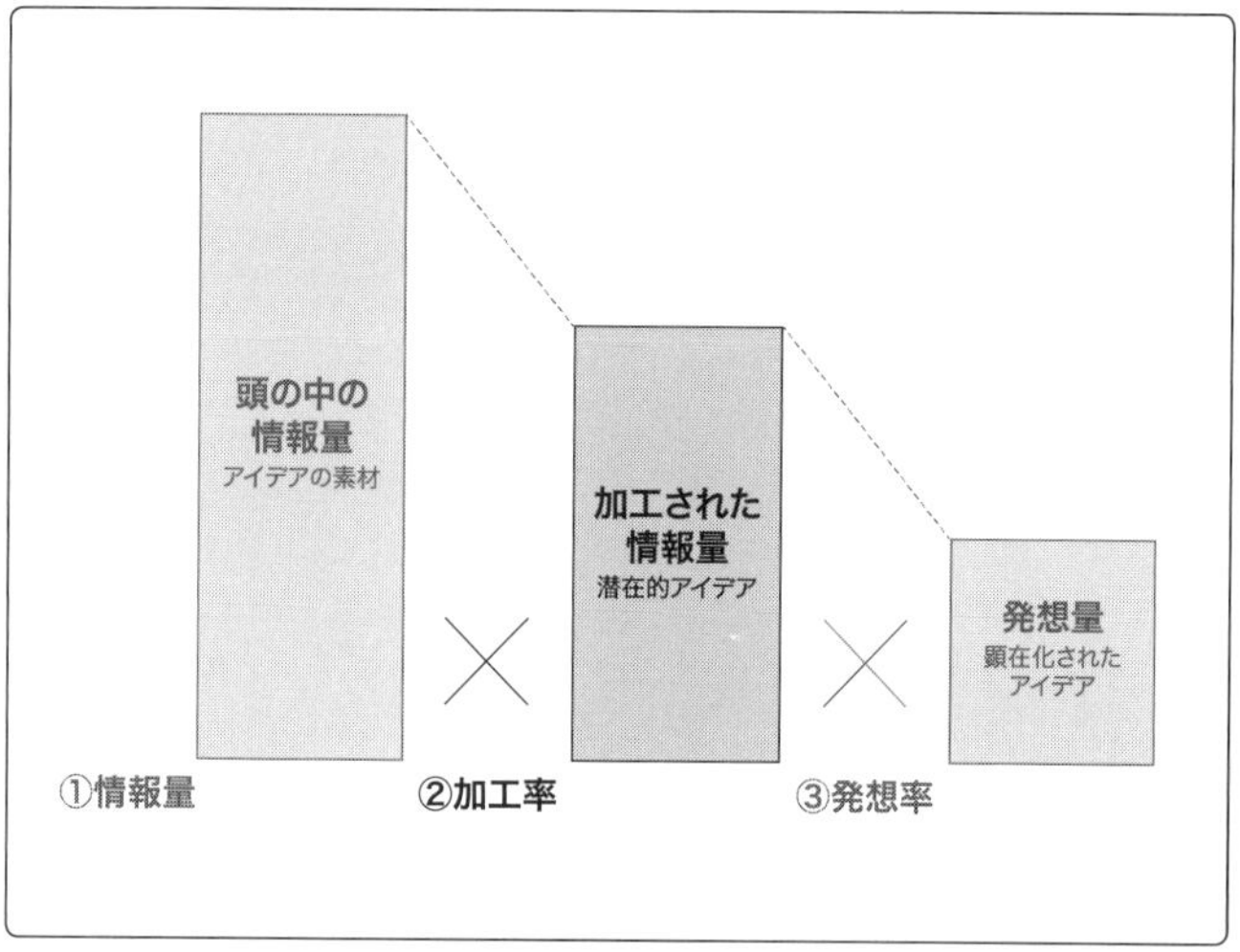

知識と知識の「結びつき方」はコントロールできない

頭の中にはさまざまな情報があるのに、それがうまく結びついたり結びつかなかったりするのはなぜなのか？

この問いは、究極的には脳の機構に関わることであり、現在の科学の知見ではまだブラックボックスだとされているところである。

たとえば、1973年にフィッシャー・ブラックとマイロン・ショールズが発表し、ののちのノーベル経済学賞受賞にもつながった「ブラック－ショールズ方程式」。デリバティブ（金融派生商品）のオプション価格を算定するこの評価モデルは、物理学におけるブラウン運動（微粒子がランダムに運動する現象）の知見との組み合わせによって生まれたと言われる。

こうした「知識の組み合わせ」がどのようにして起こるにしろ、たしかなのは、この組み合わせ自体にも「バカの壁」が入るということである。

因数分解という知識があっても、多くの人はそれを数学の範囲でしか使えないものと考え、その外部の知識と組み合わせることはしない。

僕が博報堂にいたころ、何か新しい製品のネーミングを考えるようなシーンでは、カードとボックスを用意するのが常だった。

ネーミングというのはたいていの場合、2つ以上の情報の組み合わせからつくられるが、いくらメンバーがフラットな視線でブレーンストーミングをしたところで、その組み合わせには必ず「バカの壁」が入ってしまう。

そこで膨大な数のカードそれぞれに1つずつ適当なワードを書き込み、それをボックスから2枚ずつ無作為に引くことを繰り返して、とにかく組み合わせの数を増やすのである。

もちろん、カードにどんな言葉を書くかという時点でも、何らかの「バカの壁」が入っている可能性はあるが、凡人にとってはかなり有効な方法である。

初めて学ぶときの「WHY?」が知恵のカギ

知識の組み合わせをどう増やすかについては、僕たちが直接手を加えることはできないかもしれない。だが、知識がどうすれば結びつきやすくなるかについては、一定の方法はたしかにある。

知恵のある人は「学ぶとき」に工夫している

まず言えるのは、知識はいったん学ばれると、固定化され、ほかの知識と結びつきづらくなるということである。だから、僕たちにチャンスが訪れるのは、それを初めて学ぶときである。

「喉元過ぎれば熱さを忘れる」ではないが、学習プロセスにおいて最もストレスがかかるのは、初めてそれを学ぶときであり、だからこそ僕たちはその知識を鵜呑みにするように指導されてきた。しかし、「これはこういうものなんだ」と鵜呑みにして学んだ知識というのは、まずほかの知識と結びつくことはない。

ではどうすればいいのか？

初めて学ぶときに、その知識の「成り立ち」まで含めて学ぶのである。ピタゴラスの定理を学ぶときに、図形を見ながら公式を覚えるのではなく、「なぜこの公式が成り立つのか？」までも含めて理解するべきなのだ。

成り立ち、あるいは、理由まで含めて理解された知識のことを、僕は**知恵**と呼んでいる。

知恵に転化された知識は、ほかの知識とより結びつきやすい。化学構造式の「結合手」にあたるものが増えて、ほかの分子・原子と結合しやすくなっているようなイメージである。

知識の組み合わせが多い人というのは、それぞれの知識がこのように知恵に転化された状態で頭の中に格納されているので、より容易にほかの知識と反応するようになっているのである。

知識がない人ほど、知恵を持つチャンスは多い

新しい事象や知識に直面したときには「**WHY?**（なぜ？）」が欠かせない。このとき最も重要なのは、最初のWHY?である。一度、WHY?を発しさえすれば、第2・第3のWHY?が出てくる可能性は一気に高まるからだ。

ビジネスのフレームワークを学ぶにしても、これとまったく同じことが言える。4Pのようなフレームワークが有効なのは、これが一定の対象をMECEに分解するチェックリストの役割を果たすからだった。しかし、このチェックリストは誰かほかの人が考えたものでしかない。

たとえば、先日、研修の際に受講者の人とこんなやりとりをした。

（津田）「たとえば、4Pというフレームワークがありますよね」
（受講者）「でも、最近だと4Pじゃなくて、Packagingも含めた5Pなんですよね！」
（津田）「そうですか、では、なぜもう1つのPが増えたんですか？」
（受講者）「……知りません」

これはまさにＷＨＹ？を欠いた知的態度の典型である。もちろん「４Ｐは絶対に正しい」という話をしたいわけではない。すでに述べたとおり（１５２ページ）、ビジネスのフレームワークは絶対的なものではないので、よりよいＭＥＣＥな分け方があれば、それを採用すべきである。

しかしそれを受け入れるにしても、ＷＨＹ？がなければならない。さもなくば、一度学んでしまったが最後、僕たちはその知識を飲み込んでしまう。だからこそ、どんなかたちで学ぶにしても、こう思っておいてほうがいい。

「初めて学ぶときが、知識を知恵に変える唯一無二のチャンスである」と。

論理思考で「４Ｐの成り立ち」を考える

では、「マーケティングの４Ｐ」についてＷＨＹ？を設定するとなると、どうなるだろうか？　以下は僕なりに成り立ちを考えてみた結果である。

まず、マーケティングの目的は「顧客の費用対効果を高めること」だと考えられる。

これを最大化するには、２つの方法がある。すなわち、価値（パフォーマンス）を高めるか、費用（コスト）を下げるかのいずれかである。

価値には、機能的な価値と情緒的な価値の2種類がある。コストにも2種類があり、金銭的なコスト（モノ・カネ）と労働コスト（ヒト）である。

このように理解すると、それぞれが4つのPに対応していることが見えてくる（下図参照）。よって、マーケティングの4PはMECEな分け方になっていると言えそうだ。

また、このように成り立ちから理解していれば、それぞれの項目をさらに分解していく過程で、「パッケージ（Packaging）」という視点は漏れることがない。したがって、僕なりの理解で言えば、わざわざ「Packaging」を含めた「5P」にする必要はないのだということになる。

ビジネスのフレームワークなどを学ぶときには、ぜひWHY?と考えてみるようにしよう。このステップがあると、フレームの項目それぞれに対する理解が深まり、それをさ

なぜ（WHY?）4Pなのかを考えてみる

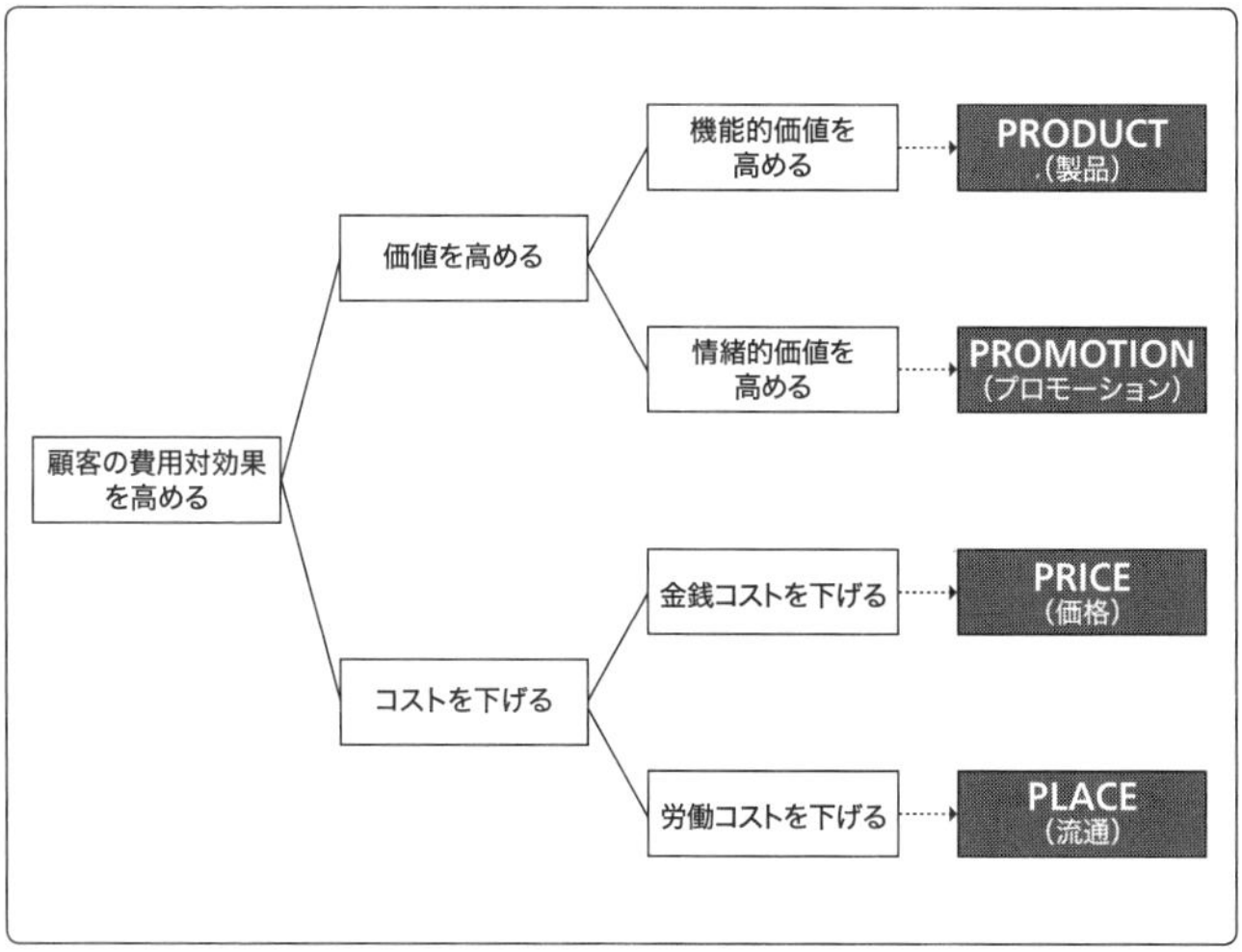

らに分解していくときの助けにもなるはずだ。

なお、ただWHY?と問いかけても、あまりにも漠然としていると感じるときには、ほかの疑問詞と組み合わせてみると、手がかりが見つかりやすいときがある。

・WHY? × WHEN?（なぜそのときなのか？）
・WHY? × WHO?（なぜその人なのか？）
・WHY? × WHERE?（なぜその場所なのか？）
・WHY? × HOW?（なぜそうするのか？）

一度学んでしまった知識について、もう一度「WHY」を差し込むチャンスを得たければ、それを他人に教えるという方法も検討するといいだろう。というよりも、「なぜ？」と問うこと自体が、「他人の視点」に立つということである。

一度飲み込んでしまった瞬間、その知識は自分そのものになる。だからこそ、他人に説明することで、もう一度、この知識の成り立ちを検討し直す機会を得るというのも、考え方としては合理的である。

第6章

発想の質を高める実践知

「生兵法」で大怪我をしないために…

ロジックツリーには「3つの型」がある

本章では、次の2つのポイントについて、より実践的な観点を入れながら深めていくことにしたい。

① ツリーをつくるときの具体的な手順

発想の質を高めるためには、事象を明確な言葉（境界線）でMECEに分解し、発想を広げることが必要だった。

事象のMECEな分解にはどんなかたちがあり、その分解はどのような手順で進めればいいのか？

② 言葉の力を高める具体的な方法

論理思考とは本質において「言葉を明確にして考えること」だった。よって、論理的な思考力とは、言葉の力（語彙力）である。

では、言葉の力を磨くためには、どんなことができるだろうか？

事象をMECEに分解する3つのツリー

まず、事象をMECEに分解していくときの「分け方」について、整理しておくことにしよう。ここではツリーの代表的な3つの型を紹介する。

ただし……（くどいようだが繰り返しておく）、ツリーはあくまでも「バカの壁」を発見するための道具でしかなく、きれいなツリーをつくることそのものが目的になっては本末転倒である。あくまでも、MECEな分解を進めていく際のヒントだと思ってほしい。

ツリーには大きく3つの種類があり、目的に応じて使い分けられる。

① **WHY型ツリー**　問題を分解し、原因を探る
② **HOW型ツリー**　課題を分解し、解決策を探る
③ **WHAT型ツリー**　集合を分解し、要素を洗い出す

「原因・解決策・要素」で分ける

①ＷＨＹ型ツリーは、問題を分解し、その原因を探るときに使う。

起きている問題の原因をＭＥＣＥに分解していき、横方向に因果関係を展開していく。

たとえば、あなたがA私鉄から「乗客が減った原因」を分析してほしいと依頼されたとしよう。

その場合、ツリーの2列目は「沿線住人で電車に乗るべ人数が減った／沿線内でのシェアが減った」といった項目に分解され、3列目以降も横方向に因果関係でつながれていく。

②ＨＯＷ型ツリーは、課題を分解し、その解決策を探るときに役立つ。

WHY型ツリー

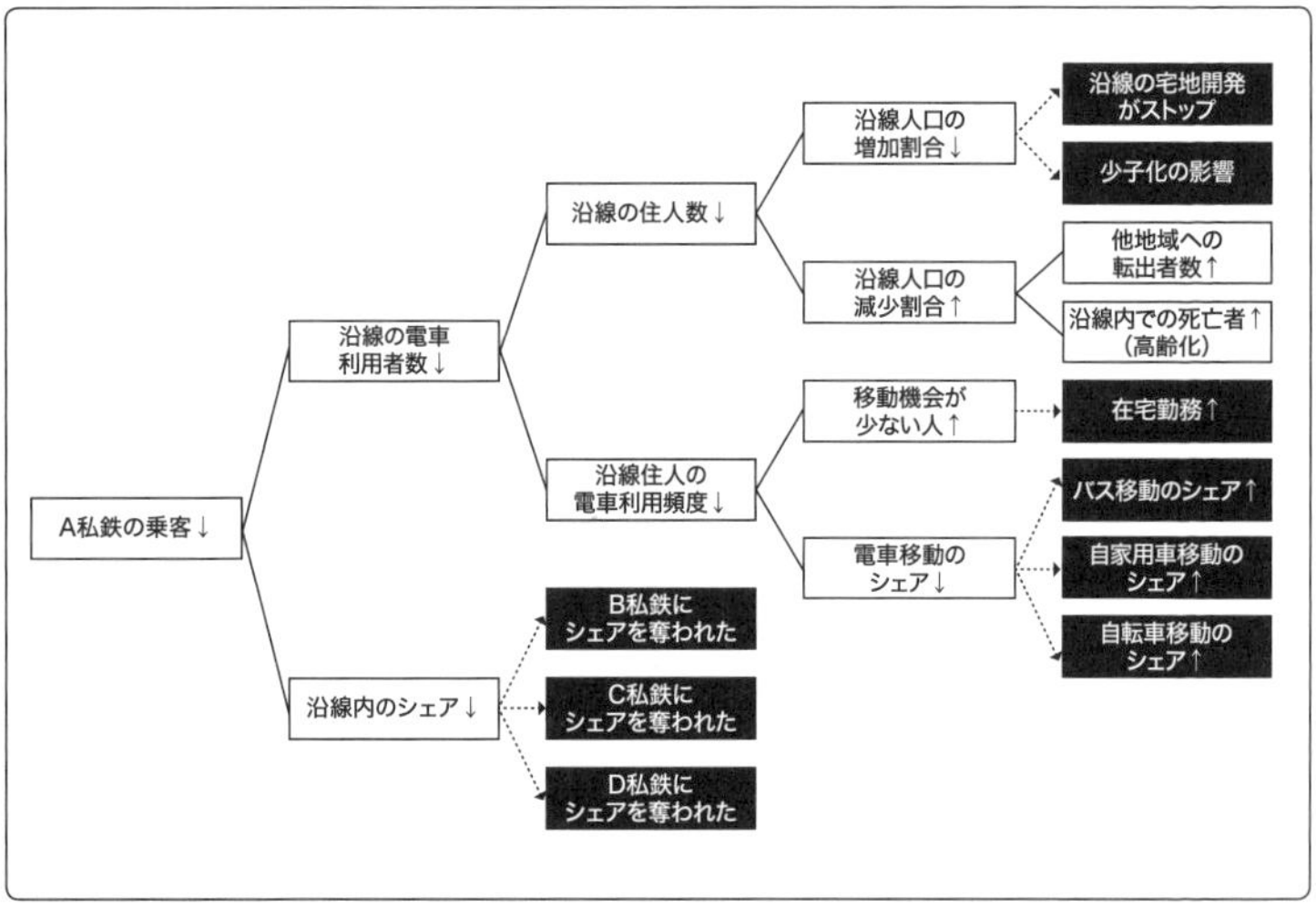

ある課題に対する解決策別にMECEに分解していき、横方向には「どうやって？」という手段を展開していく。

あなたがラーメン屋を経営しており、「おいしいラーメンをつくる」ことを課題としているとしよう。

そうすると、たとえばツリーの2列目は「ラーメンそのものを改善する／ラーメン以外を改善する」といった項目に分解することができる。3列目以降も同様に、「どうやって？」の関係でつないでいくことになる。

③WHAT型ツリーは、WHY型ツリーとHOW型ツリー以外のツリーのことであり、「その他のツリー」と言ってもいいだろう。

このツリーは物事の集合を分解して、そこにどんな要素が含まれているかを洗い出すときに使う。

HOW型ツリー

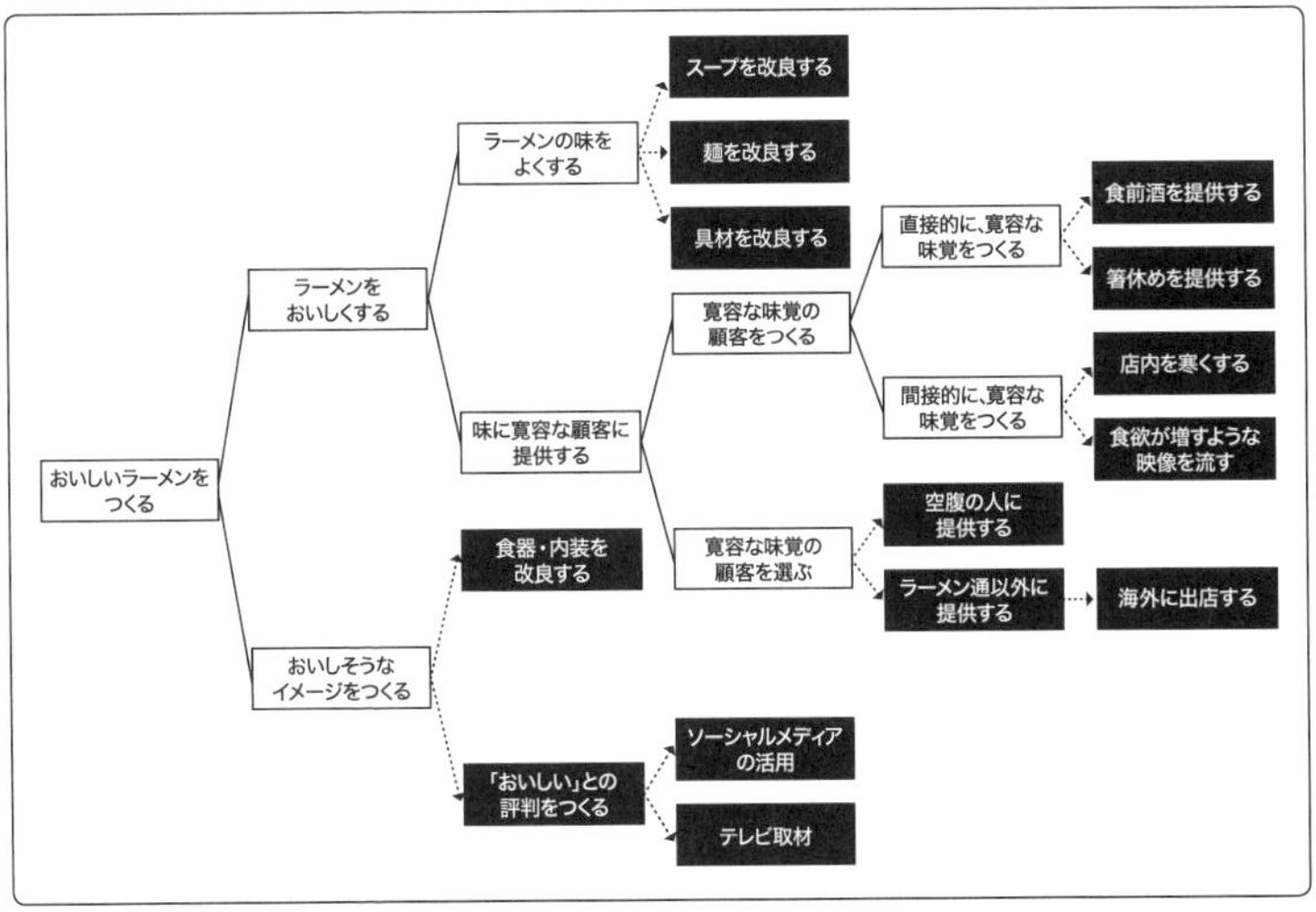

たとえば、新しい自動車を開発するチームに配属されたメンバーたちが、「どんな自動車があり得るか？」について、価格や排気量などに応じてＭＥＣＥに分解していくときには、このツリーを使うことになる。

WHAT型ツリー

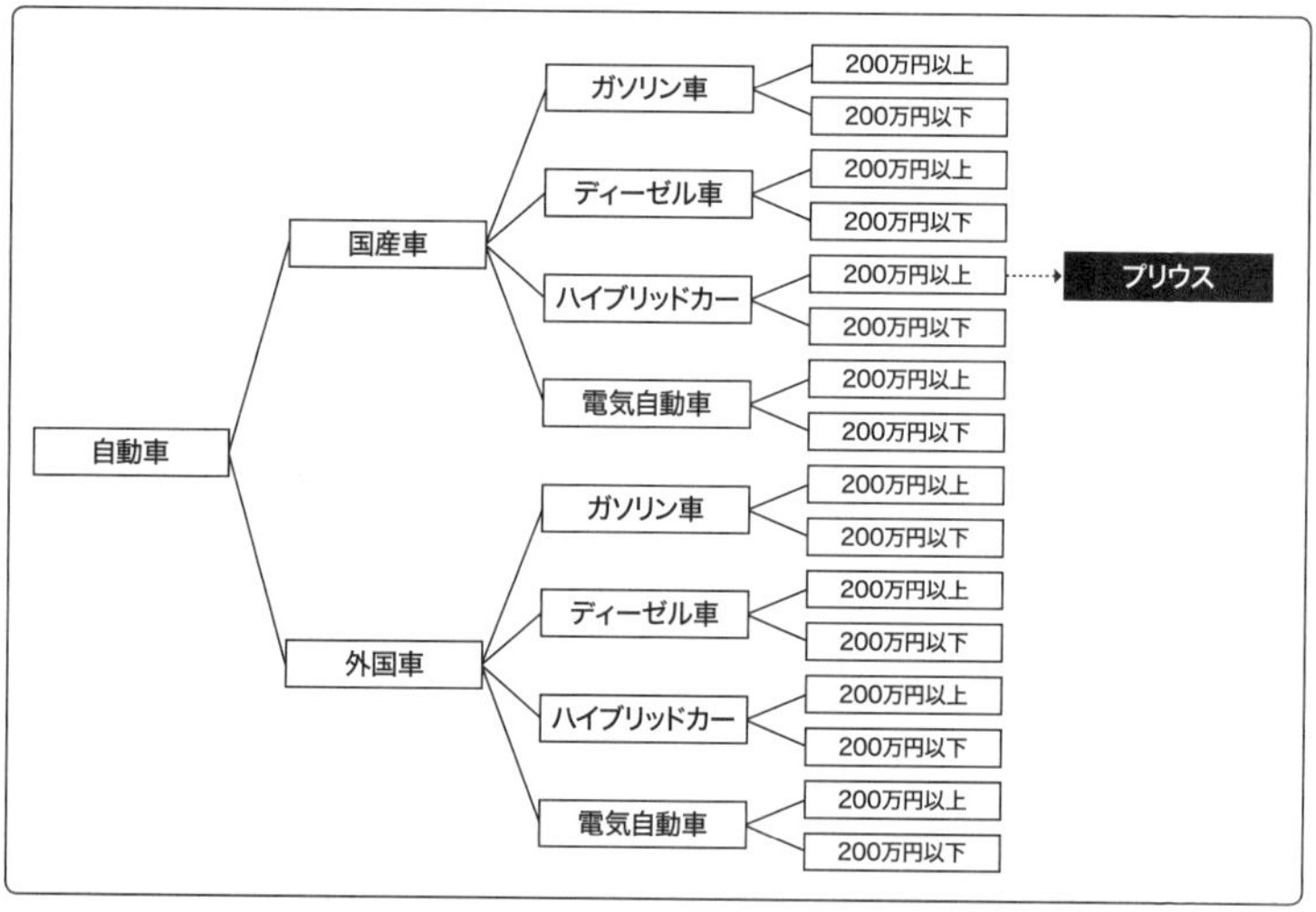

MECEに考えるときの具体的ステップ
——直感→上流→下流

それでは、発想のモレを防ぐチェックリストをつくり、実際に発想を広げていくための手順を見ていくことにしよう。

MECEに考えたいときには、次の3ステップを踏んでみるといい。

ステップ① ひとまず直感だけでアイデアを出す
ステップ② 大きなかたまりからMECEに分解
ステップ③ 「下流」からも考えてみる

ステップ① ひとまず直感でアイデアを出す

多くの人が広く考えたつもりになっているだけで、じつは場当たり的に思いついた狭いアイデアしか出せないでいる。だから、まず論理的に考えて発想を広げることこそが、アイデアの質を高めるためのいちばんの近道であると語ってきた。

そうであるにしても、考えるというのはとても時間がかかることだし、決して効率がいい行為ではない。場合によっては最初の手がかりが見つからないまま「うーん」と唸っているうちに時間が過ぎていってしまうことだってありうる。

だとすれば、0よりはやはり1を優先すべきである。まずは直感でもひらめきでも思いつきでも何でもいいから、頭に浮かんだことをどんどん引き出してしまおう。

アイデアを顕在化するというのは「書く」ということだった。多くの人がやっているとおり、ひとまずの思いつきを、紙にアウトプットしてしまうのである。

このとき大切なのは、変に発想を評価しないことだ。とにかく具体的なアイデアを何でもいいから書き出してみる。「MECEに分解しなければ」という思いに縛られてしまい、腕組みをしたまま一歩も進めないよりは、そのほうがはるかにいい。

実際、研修で演習問題を受講生たちに解いてもらうときにも、僕はまず「とにかく最初は、直感でいいので書いてください」と言うようにしている。どれだけ座学で論理思考の本質を説明したあとであっても、いきなりそれを実行に移せる人というのはなかなかいない。むしろ、MECEに考えようとするあまり、かえって思考のモレが多くなるという本末転倒なことが起きたりもしている。

たとえば、あるテーマをMECEに分解するという場合（下図）、本来3つの項

直感よりも発想が狭くなるケース

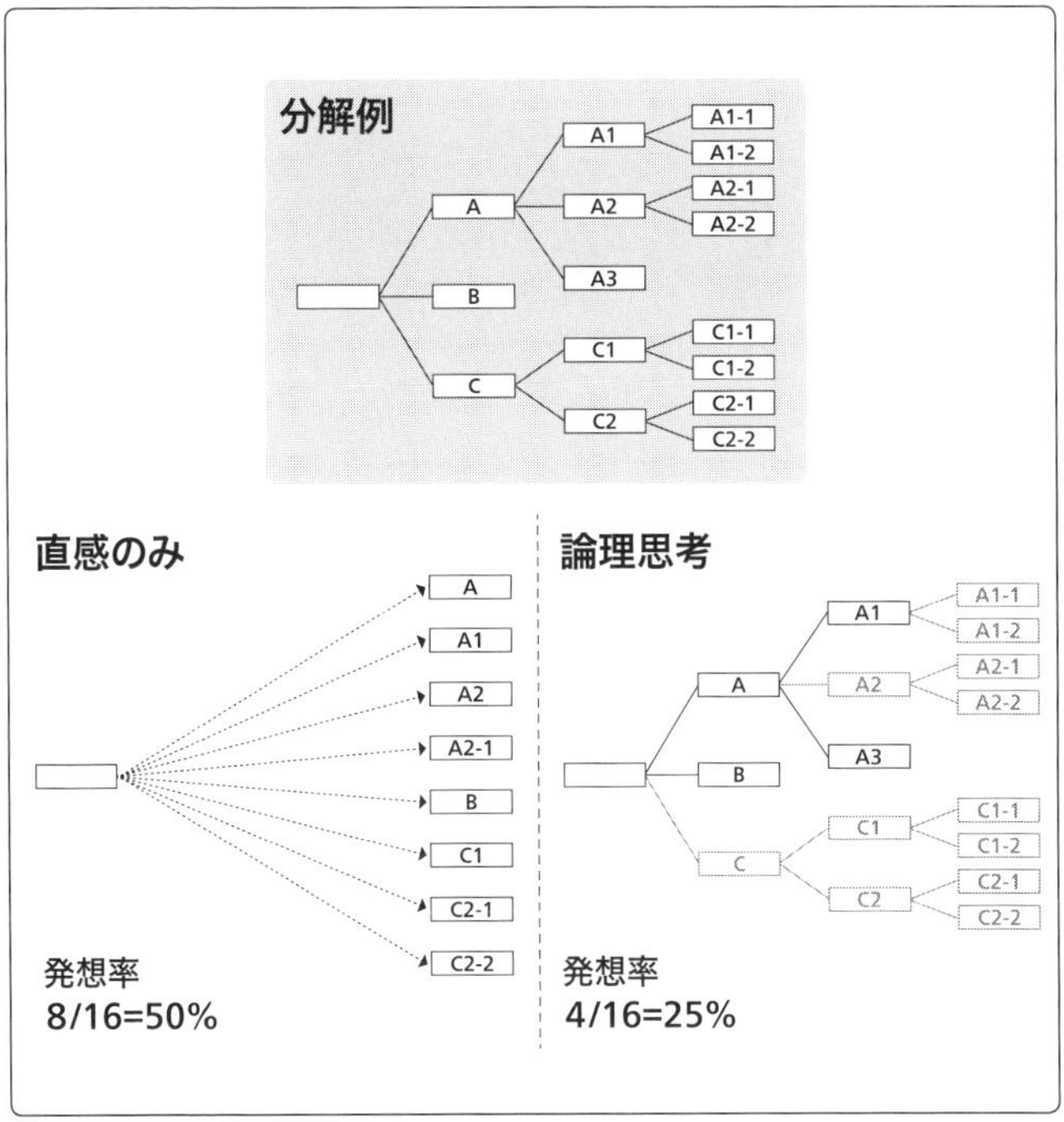

目（A〜C）に分けられるのに、2つ（AとB）にしか分けられなかったとする。さらに、A以下についても、十分に分解できなかったところでタイムアップとなってしまった。

これは上段の分解例と比較すると、25％（16分の4）までしか発想が広がっていない状態である。発想を広げるために論理思考をしたはずなのに、たったこれだけしかアイデアが出ないのでは意味がない。

もしも同じ人が論理思考に頼らずに、直感だけで8個のアイデアを発想できるのだとしたらどうだろうか？（発想率50％＝16分の8）

すでに見たとおり、論理思考が成功したかどうかの基準は、「直感だけで発想したときよりも、アイデアが広がったか」である（144ページ）。だとすると、この論理思考は失敗だったということになりかねない。

「まずは直感、そのあとに論理」にしたほうがいいのは、こうしたケースを避けるための「保険」でもある。直感でアイデアを出しておけば、プラスになることはあっても、マイナスになることはない。時間制約の中で戦わねばならないビジネスの場面では、「ベストよりベターを狙う」というスタンスは不可欠だ。まずは直感で頭に浮かんだことを、とにかくたくさん書くようにしよう。

ステップ②　大きなかたまりからMECEに分解

次に実際に、論理思考を実践してMECEに分解していく。

直感で出したアイデアは、ひとまず脇に置いておこう。

MECEに分解していくときに注意すべきことは、次の2点だ。

・大きなかたまりから順に分けていく
・明確な境界線で分けていく

まず意識してほしいのが、より大きなかたまり、つまり課題なり問題なり事象なりを「上流」（できれば最上流）で分解する軸を探すようにするということだ。それが見つかったら、あとは上から下に順に分けていく。

あまりにも小さなかたまりにフォーカスしすぎると、その分、モレの範囲が大きくなりかねないからだ。

そもそも日常的な「しまった」というのは、より上流での分岐を見落としていることで、広い範囲をごっそり考え損ねてしまうことから起きている。

また、分けるときには境界線をはっきりさせよう。
たとえば自動車を「価格」という軸で分けるのであれば、「200万円」という境界線でMECEに分けることができるし、「ボディの形状」などでも明確に分けることはできるだろう。

こうしてまず軸を考えることがモレのない分解を行うコツなのだが、こういう話をすると、「では、軸そのものはどうやって発想すればいいのですか?」という質問を受けることが多い。

理屈上は、軸そのものもまたロジカルに考えることができてしまう。だが、それでは一種の無限後退に陥ってしまいかねないし、何よりも時間がもったいない。

これに対する答えはシンプルである。軸や境界線もまずは直感で出していけばいい。

なお、分け方が本当にMECEになっているかを確認するための方法については、196ページ以降にまとめておいたので、参考にしてほしい。

ステップ③　「下流」からも考えてみる

ツリーの上流で分解できる軸がなかなか見つからないときは、それにこだわらず、より下流のかたまりから検討していくようにしよう。

このときに役立つのが、ステップ①の直感で出したアイデアだ。直感で出てくるアイデアというのは、より具体的なものであることが多い。つまり、基本的にツリーの末端（最下流）に近いところに位置することがほとんどだ。

上流で分ける軸が見つからなかったとしても、より下位の小さなかたまりでは、MECEに分けられる可能性がある。それをきっかけにして、より上流の軸を探していく「下流から上流へのアプローチ」がステップ③である。

ただしここでも、「上流へ遡る」ことを意識してほしい。直感で思いついた具体的なアイデアからさらに下流へ降りていっても、なかなか発想が広がっていかないからである。それらのアイデアを包含する、より上位の軸を見つけ、またそこから分解を繰り返して発想を広げていくようにしよう。

たとえば、ある商品の売上不振の原因を探っているとしよう。

宣伝部のメンバーが集まり、直感でブレーンストーミングをしたところ、「テレビＣＭの出演タレントに原因がある」という仮説が出てきたとする。

ここから考えてしまうと、「テレビＣＭに原因がある」を基点に「テレビＣＭシナリオに原因がある」とか「テレビＣＭを打つ時間帯に原因がある」といったアイデアも発想できるだろう。あるいは、ほかのプロモーション施策についても問題意識が向かう可能性はある。

こうして僕たちの思考には「バカの壁」が入る。この場合なら、宣伝部のメンバーは「プロモーション施策に原因がある」という前提のもとでしか発想できていない。だが、ひょっとすると売上不振の原因は商品そのものや価格にあるのかもしれない。

「なるべく上流から分解」を意識する

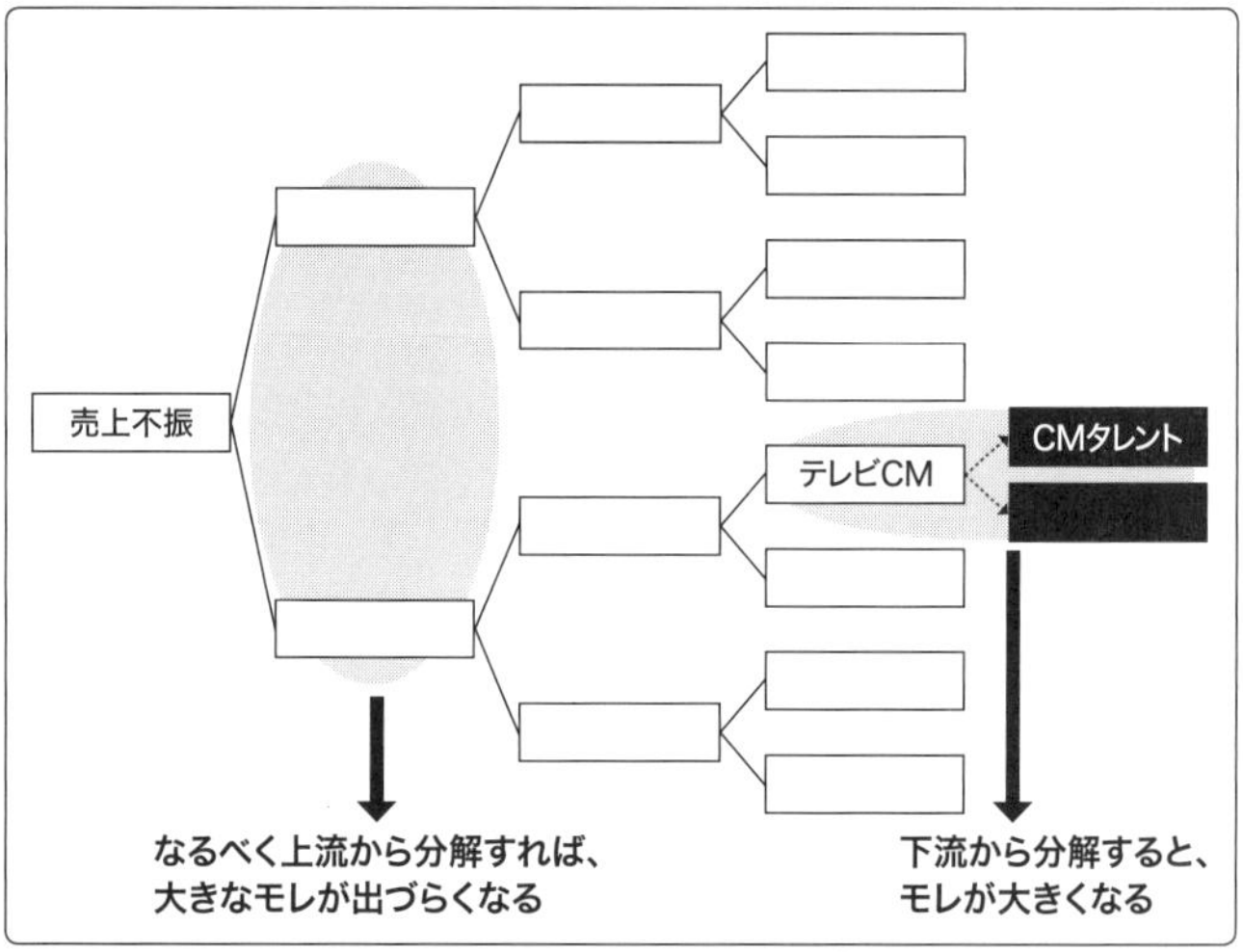

たとえばこのとき、売上不振の原因を「マーケティングの4P」にしたがって、「製品に原因がある」「価格に原因がある」「プロモーションに原因がある」「流通に原因がある」という具合に最上流で分解していれば、こうしたモレは起きづらいだろう。

以上、3つのステップを紹介したが、ステップ②や③を試してもまったくツリーがつくれないようであれば、その問題に対しては論理思考によるアプローチはあきらめたほうがいいだろう。だとしても、ステップ①でひと通りのアイデア出しをしているので、結果がマイナスになることは回避できている。

危険なのは、論理思考によるアプローチを万能視するあまり、最初からMECEに分解しようと企てることである。もともと論理思考の力が高い人であればいざ知らず、ふつうの人がいきなりこれをやってしまうと、かえって発想が広がらなくなることがある（189ページ図参照）。まさに「生兵法は大怪我のもと」の典型だ。

「論理思考はあくまでも直感を補助するものである」と心得ておくようにしよう。

MECEかどうかを検証する「計算アプローチ」

MECEに分解するといっても、なかなか確証が持てない場合も多いはずだ。そんなときに参考にしてほしいのが、以下の「計算アプローチ」の手法である。

・足し算アプローチ
・引き算アプローチ
・掛け算アプローチ
・割り算アプローチ

このアプローチが万能だと言うつもりはないが、ヒントとして使ってみてほしい。

なお、「足し算アプローチ」では、分解の軸がはっきりしていることが多いが、残りの3つについては、軸を表すはっきりした言葉が見つからないケースが多い。

「何と何の和なのか？」を考える——足し算アプローチ

足し算アプローチは、A＝B＋CであるようなかたまりAをBとCに分解する方法で、シンプルでわかりやすいものが多い。

たとえば、商品X、Y、Zを持つ企業で年間売上が減ったときに、その原因を探るためにWHY型ツリーをつくるとする。このとき、年間売上が「どんな足し算から構成されているか」を考えてみよう。

年間売上
＝　上半期の売上　＋　下半期の売上
＝　国内市場の年間売上　＋　海外市場の年間売上
＝　商品Xの年間売上　＋　商品Yの年間売上　＋　商品Zの年間売上

もちろん、分解の仕方はほかにもたくさんあるし、どの分け方が最も発想の広がりに寄与するのかは一概には言えないが、これなら「年間売上が減った」の原因が「上半期の売上が減った」と「下半期の売上が減った」へとMECEに分解できそうだということは、多くの人が納得できるところだと思う。

足し算アプローチはかなり使い勝手がいいものの、モレが出やすいという欠点もある。

たとえば、同じケースにあたって「商品Xと商品Yの年間売上」に分けてしまい、うっかり「商品Z」の存在を忘れてしまう可能性があるのである。

この種のモレを防ぐときに有効な方法として、次の2つを紹介しておこう。

①対立概念を軸に使う

・国内と海外
・質と量
・ソフトとハード

②定量化される軸を使う

・金額（10万円未満と10万円以上）
・時間（いまから2日以内、いまから2日後以降）

計算アプローチでMECEかどうかを確認

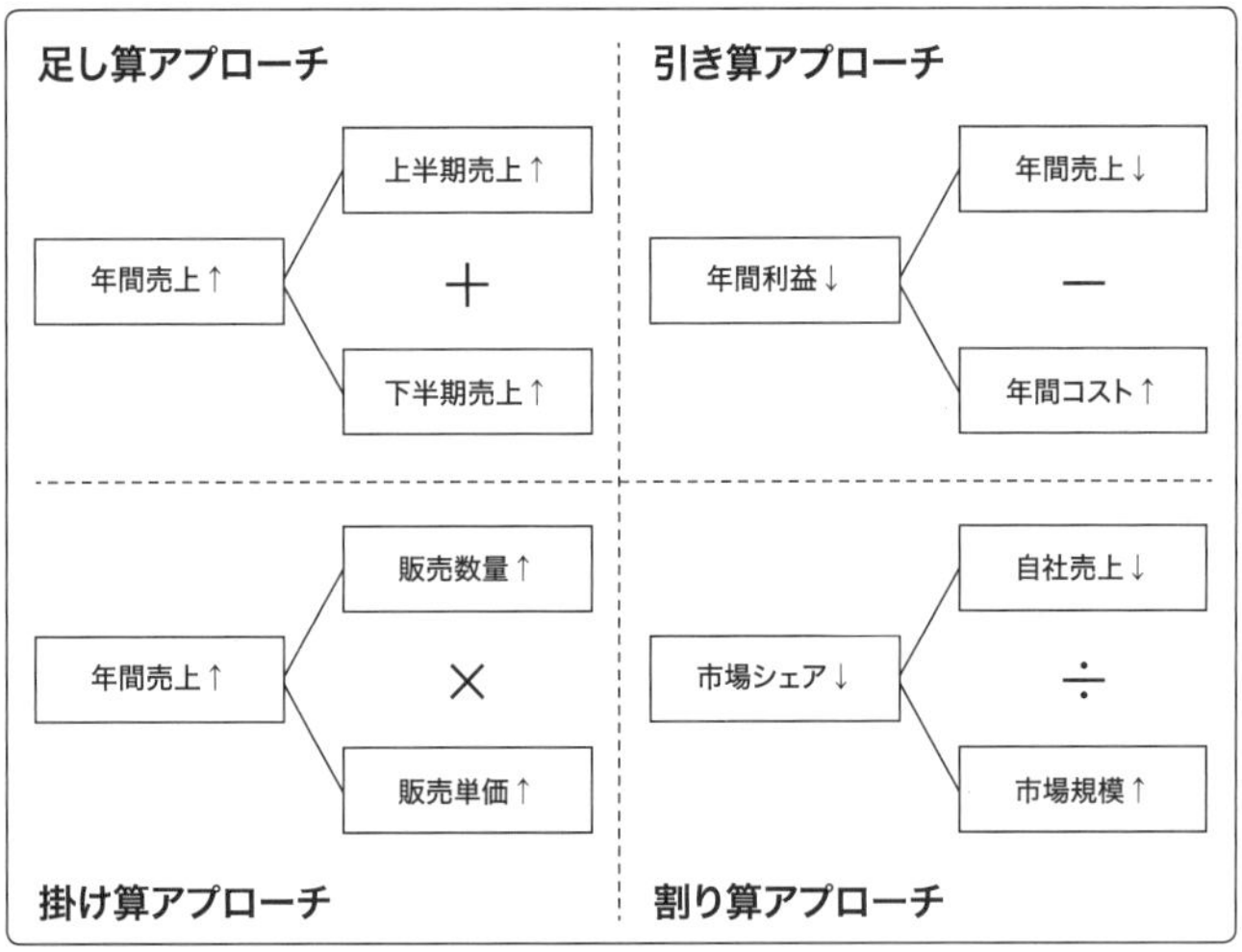

ここからわかるように、軸が定量的なものだと、境界線は明確になりやすい。軸を考えるときには、数字で表せるもので分解できないか、という観点も考えてみよう。

「何と何の和なのか？」というアプローチで考える足し算アプローチとちょうど真逆なのが、「何と何の差なのか？」を考える引き算アプローチである。

たとえば「利益」という概念は「売上－コスト」なので、「年間利益が下がった」の原因としては「年間売上が下がった」と「年間コストが上がったか」の2つに分解できる。

定量的問題の分析に最適な「掛け算」アプローチ

掛け算アプローチはA＝B×CであるようなかたまりAをBとCに分解する方法だ。「年間売上が減った原因」を掛け算アプローチで分解してみよう。

年間売上減
＝　販売数量が減った　×　販売単価が下がった
＝　市場規模が縮小した　×　市場シェアが縮小した
＝　営業マンの人数が減った　×　営業マン1人あたりの売上が減った

これらがMECEな分解だと言えるのは、一般に次のような定式が成り立つからだ。

売上 ＝ 販売数量 × 販売単価
＝ 市場規模 × 市場シェア
＝ 営業マンの人数 × 営業マン1人あたりの売上

本書が想定している発想の広さの定式も、じつは掛け算アプローチで考えられていたことにお気づきだろうか？

発想の広さ ＝ ①情報量 × ②加工率 × ③発想率

これに似ているのが割り算アプローチである。たとえば、市場シェアという概念は、「その会社の売上÷市場全体の売上」である。したがって、自社の市場シェアが下がった要因を分析する場合であれば、「自社の売上が減った」と「市場全体が拡大した」の2つの可能性を考えればいいことになる。

MECEではなくなってしまう分解の仕方

モレが出ないように軸を意識しながら分割してみようというときに、多くの人がやってしまいがちなことがある。大きく3つのパターンに分類してみた。

①「その他」で解決

まずありがちなのが、「モレなく」を意識するあまり、「その他」を多用してしまうことである。

たとえば、「ある国の人口が減った原因」をWHY型ツリーで分解するとき、

↓　死ぬ割合が増えた
↓　その他

に分けてしまうようなケースである。「その他」に残りすべてが含まれるという意味では、この分け方はMECEだと言えなくもないだろう。

しかし、果たしてこれが本来の目的である「発想のモレを防ぐ」を果たしているかと言

えば、答えはノーだろう。「その他」と書いてしまったということは、もうこの項目をこれ以上MECEに分解するのを断念しているということにほかならない。

もちろん、すべてをMECEに考えるのには限界があるので、ツリーの中の一定の段階で「その他」が出てくるのは仕方ないが、上流の段階から「その他」を使っているようでは、モレを防ぐことを目指しているとは言えない。

②　上流と直結していない

また、「ある国の人口が減った」の直下で、

↓　天災が増えた

↓　人災が増えた

と分けてしまうのも正しくない。これは「災害が増えた」のMECEな分析としては正しいが、「人口が減った」の原因としては直接つながらないからだ。

「人口が減った」↓「減る割合が増えた」↓「死亡者が増えた」↓「災害による死亡者が

増えた」という中間ステップがあって初めて、「天災が増えた」と「人災が増えた」に分解することができる。

③　含まれないものが入っている

同じ分解の過程で、次のような分岐があったとしよう。

→　災害が増えた
→　災害が増えていない

前述のとおり、「災害が増えた」は人口減少の原因になり得るが、後者の「災害が増えていない」はどうだろうか？　たとえば「災害が増えていない」は「災害の数が減った」「災害の数は変わらない」に分けられるが、そうだとするとおかしなことになる。

「災害の数は変わらない」というのは変化ではないので、人口減少という変化の原因にはなり得ないからである。

MECEでなくなってしまう3つのパターン

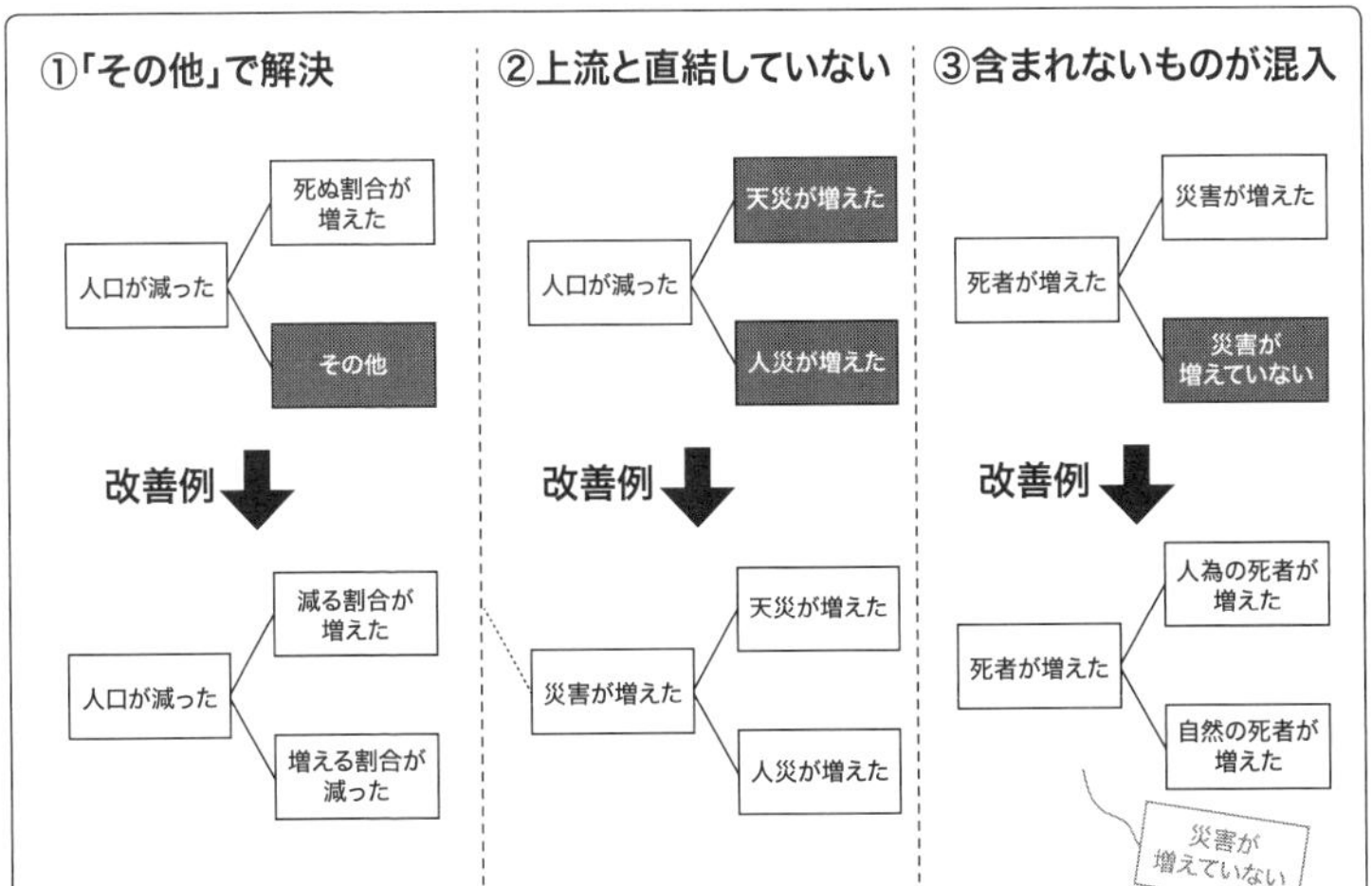

つまり、モレでもダブりでもなく、本来そこに含まれない「余り」が出ているという意味で、これもMECEとは言えないのである。

「1つの問題」に対して「複数のツリー」をつくってもいい

以上のとおり、MECEに分解しながら考えるというのはけっこう難しい。

大きなかたまりから順に分解していこうとしても、すぐにはうまくいかないだろうし、本当にMECEになっているかはなかなか確証できないからである。

一部だけが細かく分岐していて、ほかのところは分岐していないいびつな形状のツリーでもMECEになっていることはあるし、きれいに均整がとれていて細かく分岐したツリーができたからといって、それがMECEになっている保証もない。

しかし、それでいいのである。くどいようだが、とにかく完璧なツリーをつくることにこだわる必要はない。

これだけ注意しても、ツリーの「模範解答」を気にする人は多い。研修の場でも、「学ぶ」のが好きな真面目な人ほど、「で、結局、どういうふうに分解したら正解なんでしょうか？」と聞いてくる人がいる。

人によって「バカの壁」の入り方は異なるので、理想的な分解の仕方も、また人によって異なる。そういう意味では、いくつツリーをつくってもかまわないのだ。アプローチを変えていろいろな軸での分解を試しながら、複数のツリーをつくってみよう。

以上、具体的なステップやテクニックを紹介してきたが、「考えるというのは、こんなに大変なことなのか……」などと絶望しないでほしい。むしろ、そういう人のほうが期待が持てるくらいだ。考える力を磨くうえで「自分はまだまだ十分に考えられていない」という感覚は非常に重要だからである。

肝心なのは、共通の正解にたどりつくことではない。あなたのアイデアを広げ、あなたの結論を見つけることである。

まずは「当初の直感よりも少しでも発想が広がればいいな」というくらいの気軽なスタンスで実践してみよう。

言葉の力を高める4つの習慣

論理思考力こそが発想力の源泉であり、論理思考力とは言葉の力だった。
そもそも日本人には言葉を曖昧にしておく傾向があり、それがさまざまな欠点につながっているという指摘は以前からなされてきた。

「『言葉の力』の重要性を理解しないままでは、思想構築もものごとの理解もさっぱり進まない。深い思索は母語でしか行えない。言葉がどんどん弱くなっていることは、この国の毀損が深く進行している最大の原因でもあり、結果でもあると考える」(大石久和『国土が日本人の謎を解く』産經新聞出版)

では、少なくとも個人のレベルで言葉の力を高めるために、僕たちには何ができるだろうか？　ここでは僕個人がおすすめする方法を紹介しておこう。

力を高めたいなら「意識」を変える

何らかの成果を生み出す「力」という概念をMECEに分解するとしたら、それは「能力」×「意識」に分解できる。つまり、成果を出すような思考力がある人というのは、「思考の能力」と「思考しようという意欲」のどちらか（あるいはどちらも）を持ち合わせた人である。

言葉の力というのも同じだ。もちろん、もともと言語能力に優れている人もいるし、大人になる過程でたくさんの言葉に触れて自然と能力が磨かれている人もいるだろう。しかし、言葉の力を決定づけるのはそれだけではない。それぞれの単語がどんな意味を持つのかに対して、繊細であろうとする心がまえ（意識）がある人ほど、当然のことながら言葉の力も高くなる。

これは身体能力を上げるという話に近いかもしれない。生まれつき壮健な身体を持つ人、たまたまスポーツをやっていて身体が丈夫な人はいる。しかし、そうではない人が身体能力を上げようと思ったら、まずその人にできることは「意識」を変えることだけだ。より身体能力が上がるようなトレーニングや生活習慣を取り入れるよう、心がけるしかない。

たとえば、あなたはこれまで英和辞典を引いた回数と、国語辞典を引いた回数、どちらが多いだろうか？　研修でも同じ質問をするが、9割以上の人が「英和辞典」と答える。それは日本語というものに対して意識が向かっていないからだ。

僕たちは母語である日本語を当たり前のものとして受け入れていて、ほとんどの単語の境界線を曖昧なままに放置している。本当に言葉の力を高めたいのであれば、国語辞典を引く習慣を身につけることはおすすめである。

三島由紀夫には、幼少時代から辞書を読んでいたという有名なエピソードがある。

外国語に初めて触れるときのように、もう一度、それぞれの言葉の境界線を見つめ直してみよう。

正しい文章をインプットする

言葉に対する意識を高めるといっても、そもそも頭の中に正しい言葉や論理が入っていなければ、言葉や筋道がいい加減でもそれに気づけない。文章が論理的かどうかを判断するためには、まず自分の中に論理的な文章をインプットする必要がある。

そのためにおすすめな方法が、論理的な文章を「書き写す」ことである。

とはいえ、どんな文章がいいかということになるとなかなか難しい。たとえば、「朝日新聞」の「天声人語」を書き写すノートが発売されているようだが、あれはそもそも論理的であることを目指した文章とは言えないだろう。

「国語」の教科書にも論理的と言えない文章がけっこう入っているので注意が必要だ。教科書を写すのであれば、因果関係や事実を羅列している「社会」の教科書から、興味がある分野を選ぶといいだろう。

僕が実際にやったのは「刑法」の文章である。法律の文章というのは、ある意味では論理のかたまりである。もちろん、法律によって言葉（境界線）の解像度には差があって、たとえば日本国憲法ではさまざまな解釈を許すような、かなり緩やかな表現が多用されている。一方、「あなたは死刑だ。なぜならば……」という具合に論理だけで人を殺せてしまう刑法の言葉には、極度の論理性が求められている。

法学部の学生だったころには、僕もずいぶんと法文を書き写したことで、かなり言葉への意識を高められた経験がある。

箇条書きメモは必ず「ノート化」する

考える人ほどメモ魔である。メモの技術についても触れておこう。

とはいえ、どんなふうにメモをとるかについては、僕はあまり細かなテクニックは伝えるつもりはない。

意外と軽視されがちだが、筆記具は重要である。やはりメモは手書きがいいと思う。メモ書きの習慣をしっかり身につけたい人は、メモをとるのが楽しみになるようなペンを用意することから始めてみよう。今後の投資だと思って、多少値が張る万年筆を買うのもいいだろう。

ちなみに僕は、モンブランのマイスターシュテュック１４９という万年筆を長らく愛用している。ペン先は極太タイプだ。これは博報堂時代に経験的に学んだことだが、メモなどは太字で書いたほうが発想が広がりやすい。

メモをとりながら同時に考え、相手の話を整理するのが理想的だ。しかし、なかなかそこまでできないという人がほとんどだろう。話を聞きながら、手も頭も動かすというのは、想像以上に難しい。

そういう場合は、相手が語っていることを片っ端からメモするようにしよう。箇条書きや矢印などを使いながらでかまわない。メモする情報を中途半端に取捨選択せずに、愚直に手を動かすべきである。情報流入のところでも伝えたとおり、そうした選別には必ず「バカの壁」が入るからだ。

加えて、満遍なくメモをとるようにしたほうが、相手が考えていないこと、つまり相手の「バカの壁」にも気づける可能性が出てくる。いわゆる質問力がある人というのは、相手の思考の穴に気づき、そこに質問を投げかけることで、相手の発想を広げることができる人のことを言うのである。

ただし、メモをは箇条書きのままに放置せず、あとで接続詞を使った文章としてまとめ直す習慣をつけよう。

聞いた情報をそのままメモしただけでは、生の素材のまま情報を飲み込んだ状態に等しい。箇条書きだから知識間のつながりがはっきりしていないし、矢印や図形も使われていて、言葉ではなくイメージでとらえている部分も多い。

このままでは創造的なアイデアが生まれないというのは、すでに述べたとおりだ。だからこそこれを知恵のかたちに深めていく必要がある。接続詞を使いながらこれをひとまとまりの文章に落とし込むことで、まさにその知識の成り立ちについて、もう一度「WHY？」と問う機会をつくるのである。

パワーポイントの前にワードを起動する

僕たち凡人は、イメージで考える力よりも言葉で考える力のほうが発達している。だから、論理思考こそが僕たちの発想を広げる最善の方法である。

その意味で、プレゼンを前にしていきなりパワーポイントを立ち上げるのは、賢い選択とは言えない。パワーポイントというのは、文字情報を伝えるのには不向きなツールである。どちらかといえば、写真だとかイラスト、グラフといった、イメージによる伝達に最適化されたソフトウェアである。

そうした要素を散りばめたスライドの効果を否定するつもりはないが、僕がここで言っておきたいのは、パワーポイントというのはそうしたプレゼンを「見せる」ためのツールであって、プレゼンの内容を「考える」ためのツールではないということだ。

僕はプレゼンの講評役を依頼されることも多いのだが、正直言って、ほとんどの人のプレゼンは採点以前の水準である。

なぜかというと、言葉が考え尽くされていないからである。イメージで考える力がある人なら、いきなりパワーポイントでスライドを作成してもうまくいくのかもしれないが、ほとんどの人にその能力はない。だから結果として、十分に考えられていないプレゼンになってしまっているのである。

だから僕は「まず文章で書きなさい」と指導するようにしている。自分が伝えようとすることを接続詞を使った文章のかたちに組み立ててから、スライドに落とし込んでいくようにするのだ。

プレゼンの達人と言われているスティーブ・ジョブズのような人ですら、スライドに映しているのはごくわずかな文字や製品のイメージである。要するに、彼のプレゼンのすごさはやはり、彼が話している「言葉」にあるということだ。

プレゼンをするときはいきなりイメージから入るのではなく、まずは言葉（論理）で自分の思考を組み立てていくようにしよう。

第7章

〔付論〕

結論思考の情報収集術

なぜあの人の新プロジェクトはコケたのか?

情報収集をする人には「隠れた結論仮説」がある

第5章では、頭の中の情報量を増やす局面でも、何らかの「バカの壁」が入るので、情報流入のような習慣を取り入れることが有効であるという話をした。

一方、実際のビジネスシーンでは、より短期的に「答え」を出さねばならないことのほうが多いので、無目的かつ受動的な情報流入だけではまず対応できない。いわゆる情報収集が必要になるのである。

ただ、日本のビジネスパーソンは、この情報収集について、あまりにも致命的な誤解をしている。「発想を広げる」という本書の中心テーマからはやや外れるものの、付論というかたちでこの点についても見ていくことにしよう。

情報収集においても「しまった」はある

たとえば、デパートのプロモーション案件がコンペになり、広告代理店E社もそこに名乗りを上げることになった。E社の部長は部下にこう言う。

「このコンペには競合のF社も手をあげている。絶対に負けるわけにはいかないぞ。プレゼン当日まであと2週間しかない。さあ、必要な情報を洗いざらい集めてこい！」

部下は血眼《ちまなこ》になって情報を集める。と言っても、現代はインターネットがあるので、どれだけ情報を集めてもキリがない。そろそろ具体的な提案に落とし込まなければならないと思い、適当なところで情報収集を切り上げる。すると、部長は部下が集めてきた情報に目を通して指摘する。

「君は本気で調べたのか。この業界の情報がすっぽり抜けているじゃないか。こんなことでF社に勝てると思うのか？　いいか、私は洗いざらい情報を集めろと言ったんだぞ！」

部長の指摘はもっともなものだった。部下は自分の情報収集に致命的なモレがあったことを認めざるを得なかったのである。

しかし、彼は困り果ててしまう。そもそも「必要な情報を洗いざらい集める」とは、一体どういうことなのだろうか？　部長のダメ出しがあったことで、部下は途方に暮れてしまった。

「情報を洗いざらい集める」と言っても、それは文字どおり世界中の情報を集めろとの意味ではないだろう。そう、部長は「必要な情報を」と言っていたのである。

だが、この「必要な」というのは、どういう意味だろうか？

答えを言ってしまおう。

この場合は「部長なりの潜在的なアイデアに対して必要な情報」である。

つまり、部長は潜在的なかたちであるにせよ、こんな提案をするといいのではないかというアイデア（のようなもの）を持っていた。それを補強してくれそうな情報を、部下に集めてきてほしかったのである。

具体的な情報収集に先立って持っている「答え」を**結論仮説**と呼ぶことにしよう。

情報収集には結論仮説が不可欠である。無意識的であろうが意識的であろうが、明瞭であろうが不明瞭であろうが、何らかの結論仮説がない限り、情報収集は成立しないのだ。

さきほどの部長も、何らかの結論仮説（ただし、無意識的で非常に曖昧な）を持っていたからこそ、「この業界の情報がすっぽり抜けている」とすぐさま気づくことができた。

部下も自分なりの結論仮説を意識しないまま持っており、それに基づいて情報収集を進めた。しかし、彼の結論仮説は、部長のそれとは部分的に食い違っていたため、どの範囲を調べれば部長が納得するのかがわからなくなった。

結果はどうだったか？

その後、部下は部長に命じられるがままに情報を集め、期日までに何とかプレゼン資料を用意したものの、コンペは惨敗だった。そもそも部長の結論仮説は、トレンドを完全に無視したイマイチなアイデアだったからである。

「ひとまず情報収集」をやると、プロジェクトは失敗する

これを防ぐには、どのようなステップが必要だったのだろうか？

ここで起きていた問題を整理しよう。2つの原因から4つの問題が起きている。

①結論仮説が潜在的
→仮説が見えていないのでチーム内で共有されていない
→仮説が見えていないので仮説の価値が検討されていない

②結論仮説が不明確
→情報収集すべき範囲が曖昧なのでモレが生じる
→情報収集すべき範囲が曖昧なので余分が混入する

つまり、情報収集をしようと思ったら、まずは結論仮説をはっきりとしたかたちで顕在化（＝言葉化）させるべきなのである。

しかし、世の中では、これと正反対のプロジェクト進行がなされるケースが散見される。あなたのまわりでもこんなことが起きていないだろうか？

G社で新しいウェブメディアを立ち上げるプロジェクトが始まった。プロジェクトリー

ダーを含めてメンバーは5名。第1回のミーティングでは、リーダーの見事な進行もあって、メンバーからも活発に意見が出された。ミーティングをまとめながらリーダーが最後にこう語る。

「今日はここまでにしよう。では、2週間後までに井上さんはこれ、佐藤さんはこれ、上原さんはこれ、川田さんはこれについて、情報を集めてきてください。お疲れさまでした」

メンバーはこの宿題を2週間かけてこなしていく。すると、その過程の中で、それまでリーダーが頭の中に潜在的にあった結論仮説が、だんだんと顕在化・明確化されてくる。つまり、「こんなサイトにしよう」という具体的なアイデアが見えてくるのである。

しかし、そうしたアイデアが質の高いものであることはまずない。すでに確認したとおり、アイデアの質を高めたいのであれば、何よりもアイデアの総量を増やすことが必要である。そうでない限り、そのアイデアはパッと直感で出てくるようなレベルを超えることはない。

リーダーは内心慌て始める。自分たちがつくろうとしているサイトが、わざわざ新たにつくるほどの価値があるのか、よくわからなくなってきたからだ。自分たちがやってきたのは、きわめて凡庸なアイデアを補強する情報集めでしかないと気づいてしまったのである。

もっと質の高い結論仮説を何とかひねり出そうとするが、残された時間を考えると、新しく情報収集をしている場合ではない。仕方なく、メンバーが集めてきた情報を再度読み込み、うんうんと唸る。が、新しいアイデアは出てこない。

「結論仮説の立案」が先行しなければならない

これは当然と言えば当然である。メンバーが集めてきたのは、リーダーが潜在的に持っていた結論仮説を裏づけるための情報だったはずだ。これをもとに別の仮説を考えるというのは、同じ部品を使ってまったく別の組み立てを考案するということにほかならない。それももちろん不可能ではないが、こんなことができる機転があれば、そもそもこんな事態には陥っていないだろう。

その結果、数カ月後に出来上がってきたのは、誰でも思いつきそうな「よくある感じのウェブサイト」だった。もちろん、さほどPV（ページビュー）が伸びることもなく、1年後にはひっそりとこのサイトは畳まれることになる。

ここで僕が強調したかったのは、「とりあえず情報収集から」はすべて無価値であるということだ。いくら精度の高い情報を効率的に集めたとしても、そこから組み立てられる結論の質が低ければ、その情報収集は失敗である。

それゆえ、何よりもまず必要なのは、自分の結論仮説を徹底的に「考える」ことである。

「結論思考」を意識し、「仮説→検証」を繰り返す

「まず情報」ではなく「まず思考」であるとすると、情報収集の意味も変わってくる。情報収集は、あなたの答えを「つくる」ための素材というよりは、あなたの答えを「検証する」ないし「補強する」ための材料だということだ。

したがって、さきほどのプロモーション提案にしろ、ウェブメディア企画にしろ、まずやるべきは「質の高い結論仮説を考える」ことだったのだ。そして、その仮説を検証するために、情報収集をする。

もちろん、情報収集の結果、その結論仮説が間違っていたと判断せざるを得ないときもあるだろう。

その場合は、新たに結論仮説をつくり、新たに情報収集をする。

時間が許す限り、結論仮説と情報とが整合性を持つまで、この「仮説→検証→仮説……」を繰り返すのである。

結論仮説が間違っていてもかまわない

このように、あらかじめ明確な結論仮説を明示してから情報収集をすることには圧倒的なメリットがある。

220ページにあげた問題点と照らし合わせてほしい。

① 結論仮説が顕在的 → 検証すべき仮説をチーム内で共有できる
→ 最も価値が高そうな仮説から着手できる

② 結論仮説が明確 → 情報収集すべき範囲が明確なのでモレが出づらい
→ 情報収集すべき範囲が明確なので効率的（時間をとらない）

何よりものメリットは、集めるべき情報が明確であるがゆえに、情報収集のムダを一気に減らせるということだ。

つまり、「情報収集→結論の顕在化」という、やってしまいがちなパターンよりも、「結論仮説→情報による検証」のほうが1サイクルあたりの時間は短い。

もしも、検証がうまくいったのであれば、顧客に素早く提案ができるかもしれない。

あるいは、検証がうまくいかなかったとしても、別の結論仮説を構築してそれを再検証するだけの時間的余裕が生まれる可能性が高い。

「ビジネスはスピードである」という観点からしても、結論思考を先行させた情報収集のほうが、圧倒的に勝てる可能性が高いのである。

結論仮説の構築とその検証のプロセス

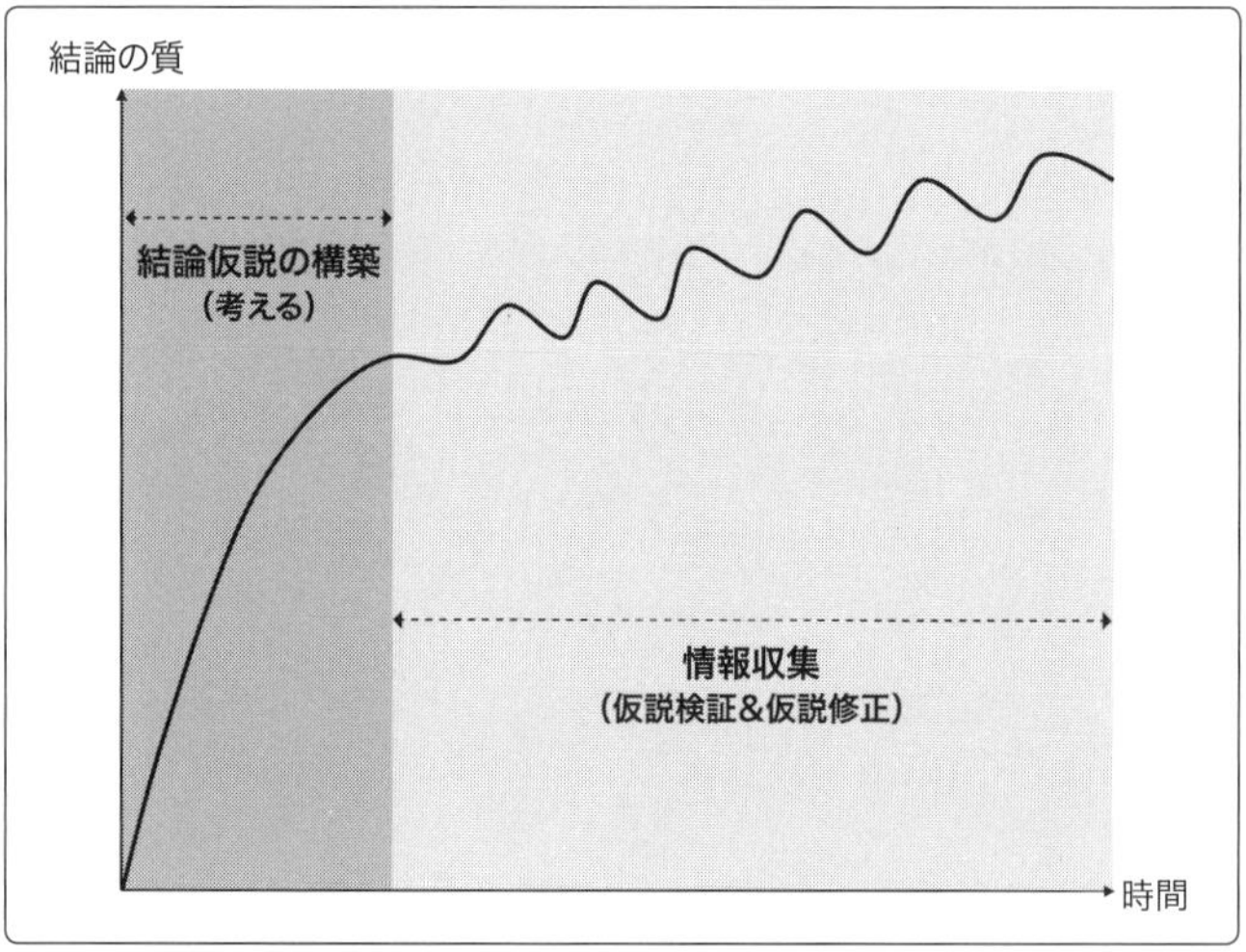

なぜ情報収集から始めると、「新しい答え」が出ないのか？

情報収集よりも考えることを優先すべき、より本質的な理由がある。それは、情報収集にも「バカの壁」が入るからである。

すでに見たとおり、とりあえず情報収集から始めてしまう人も、何らかの結論仮説を持っている。情報収集が成立するためには、どんなにぼんやりとしたものであっても、結論があるはずなのだ。問題なのは、その答えがはっきりと顕在化されていないことだった。要は、十分に考えられていないのである。

では、そういう人の結論仮説というのは、どこから来たのだろうか？　もちろん、その人自身の頭の中から、である。そしてそれは、本人が意識的に思考しなくても、直感的にぱっととひらめくようなアイデアのレベルを超えることはない。誰でも5秒で思いつきそうな発想以上には広がっていかないのである。

なぜそうなってしまうのかといえば、ここにも「バカの壁」が入っているからだ。だからこそ、予定調和的な結論の外に発想が広がっていかないのである。

つまり、「とりあえず情報収集」をしている限り、永遠に**イノベーション**は起きないということだ。その情報収集を成立させている結論仮説には、まず間違いなく「バカの壁」が入っているからだ。

だからこそ僕たちは、この順序を逆転させなければならない。

まず徹底的に思考して、多様な仮説を引き出し、その中で最も価値のありそうな結論仮説に対して、情報収集による検証を行うのである。

結局、情報を集めるにあたっても、僕たちはまずは考えるしかないのだ。

情報が不完全でも「自分の答え」は見つかる

それにしても、なぜ僕たちは「とりあえず情報収集から」着手しようとしてしまうのだろうか?

ここにもまた、「考える」と「学ぶ」に対応する問題が横たわっている。

「学ぶ」のが好きな人ほど、情報収集から始める

じつは僕自身、「学ぶ」のが好きなタイプの人間だ。とくに20代のころは毎週最低でも3回は書店に通い、マーケティングだとか戦略だとかの書籍を買い漁っては読むということを繰り返していた。もちろん、そのとき勉強したことがまったく役に立たなかったかといえば、決してそんなことはない。

そうやって知識を吸収し続けること自体が、自分の価値を高めると信じていたのである。

そして同時に僕はかつて、典型的な「まず情報収集から」の人材でもあった。必要な情報を集めてきて、答えを出すのが得意だったのだ。

そんな僕が認識を改めることになったきっかけは、カリフォルニア大学バークレー校にMBA留学したときの授業だった。

ハーバード大学のビジネススクールには、いわゆる講義形式の授業はなく、ケーススタディしかやらないということは、以前から聞いたことがあった。つまり、実在の企業を取り上げて、実際に起こったケースについてディスカッションをするのである。僕の留学先でも、当然のことながらそうした授業が存在した。

授業では、企業の歴史や業務内容、財務内容などをまとめた小冊子が用意されているが、そこに何か問題が書いてあるわけではない。その企業にどんな課題があるのかも含めて、生徒たちが自ら考えて、解決策を探っていくわけである。

なぜハーバードビジネススクールには「講義がない」のか？

そういう授業スタイルに価値がありそうだということは頭では理解できていたものの、初めてケーススタディの授業を受けたときには、すっかり頭を抱えてしまった。ひと言で言えば「情報が少なすぎる」と感じたのである。

そこでは「生花の宅配」というビジネスがケースとして取り上げられていた。しかし、そもそも、このビジネスにどれくらいの市場規模があるのかすら記載されていないのである。

「(たったこれだけの情報で何を考えろと言うんだ!)」

それが正直な思いだった。そこで僕が何をやったかといえば、「とりあえず情報収集」だった。つまり、生花マーケットがどれくらいの規模なのかといったことを、図書館に行って調べたのである。とはいえ、それ以外にほとんど有益な情報は見つからなかった。当時はインターネットもなかったし、そもそもまだ黎明期《れいめいき》だった生花の宅配ビジネスについてそれほど情報が蓄積されているはずもなかった。

そして授業本番。結果は悲惨だった。100分の授業の中で、僕はひと言もディスカッションに参加できなかったのである。いま思い出しても、とても惨めな気持ちになる体験だった(とはいえ、ほかの日本人も僕とまったく同じ状況だったのだが)。

米ＩＢＭ元会長ルイス・ガースナー氏の言葉を借りるなら、ビジネススクールの本来の目的は「状況がはっきりしないまま、限られた時間の中で、事態を分析し、判断を下す」能力を養うことである。

その意味で、ケーススタディの授業で不完全な情報しか与えられなかったのは、当然と言えば当然のことだった。そもそも、あなたが何か新しいビジネスを始めようとしているのであれば、まったく同じような状況に直面することになるはずだ。

だからこのときの僕に必要だったのは、まず自分の頭で考えて、自分自身の結論仮説を絞り込むことだった。

ケーススタディというのは、まさにそのための訓練だったのである。

優秀な人がハマる「高級ルーティンワーク」の呪縛とは？

こういった話をしても、「とりあえず情報収集」に慣れ親しんでいる人は、まだ納得していないかもしれない。

実際、僕たちの多くはほとんど考えることをしないまま仕事をしている。他人がつくった論理に沿って物事を見て、そこに当てはめる情報を集めていれば、僕たちの仕事の9割がなんとかなってきたのだ。

あらかじめ考えることをしなくても、とりあえず漠然とでもどんな情報を集めればいいかがわかれば十分な仕事のことを、僕は**高級ルーティンワーク**と呼んでいる。つまり、学校のテストと違って決まった正解があるわけではないので、ちょっとした工夫が求められるという意味では「高級」ではあるが、やっていることは空欄を埋めるための答え探し（情報収集）の域を出ない「ルーティンワーク」なのだ。

日本企業のほとんどの仕事は、この高級ルーティンワークである。

従来であれば、複雑な高級ルーティンワークを大量にこなせる勤勉な人が「優秀な人」だとされてきた。要するに、他人が考えた論理を頭に入れる能力、そしてそこに情報を当てはめる能力さえあれば、その人は「頭がいい人」だと言われたのである。

しかし、そうした時代は終わりつつある。自ら論理（結論仮説）をつくれる人、それに応じた情報収集ができる人が求められるようになってきているのだ。

終章

あの人はなぜ、東大卒に勝てるのか？

知的下剋上の時代を生き抜く

「学歴なんて社会に出たら関係ない」は本当か？

「君たち、そんなことでは、東大卒のやつらに一生勝てないぞ！」
200名近い大学生に向かって、僕は声を荒らげていた。生来、他人のことはあまり関知しない主義だが、このときばかりは言わずにはいられなかった。あまりにも無念でならなかったからだ。

――

ちょうど1年ほど前、僕がゲスト講師として某私立大学の教壇に立ったときのこと。古くからの友人がそこで授業を受け持っており、彼から声をかけてもらったのが直接のきっかけだった。その友人というのは、かつていくつかの伝説的テレビ番組を手がけた元フジテレビ・プロデューサーである。彼がつくった番組を観て育ち、「将来的にクリエイティブなことがしたい」という思いを持った学生たちが、その授業には殺到していた。

僕はその授業のプレゼンテーション課題の講評役として招待されていた。プレゼンのお題は「クール・ジャパン」。

元も子もない言い方をすると、どの発表も講評以前のレベルだった。もちろん僕の求めるハードルが相当に高かったのかもしれない。かつてBCGや博報堂といった企業にいたころには、達人たちのプレゼンを飽きるほど見せられてきたからだ。とはいえ、そうしたスキル以前に、学生たちのプレゼンには決定的なものが脱落していた。

「この中でクール・ジャパンという言葉について、本気で考えた人はいますか？どの発表も、そのプロセスがまったく見えない。もう一度、それを見直してみよう」

1回限りのゲスト講師だということもあり、僕は思ったままのことを言いたいように言った。僕の意図がしっかり伝わったのか伝わらなかったのか、たしかな手応えは何もなく、学生たちは曖昧な表情を浮かべているばかりである。

ただ、その授業はツイッターとも連動しており、特定のハッシュタグを入れたツイートが教室前方に投影される仕組みになっていた。

ふとそのタイムラインに目をやったとき、あるツイートを発見した僕は愕然とした。

「金もらって教えにきてるんだから『考えろ』とか言ってないで、早く答え、教えろよ」

おとなしく授業を受けている学生たちも、ツイッターではけっこうな本音をぶつけてくる。その是非や表現の稚拙さはさて置くとしても……僕はあまりのショックに言葉を失った。しかもそうした感想は、特定の不真面目な1人の学生がたまたま漏らしたものばかりではなかったのだ。表現の違いこそあれ、似たような趣旨のツイートが散見された。

そこで僕が発したのが冒頭の言葉だったというわけだ。

「君たち、ひょっとして『社会に出たら、学歴なんて関係ない』なんて思ってないか？でもね、こんな気がまえでいたら、東大卒のやつなんかには一生勝てないぞ！」

どうせ1回限りの講師なのだから、あえて波風を立てることもなかったのかもしれない。

それでも僕には我慢がならなかった。そもそも「金をもらっている」などというのは言いがかりだ。僕は1円たりとも受け取っておらず、その友人からオムライスを一度おごってもらっただけなのだから……。

彼らはいわゆる偏差値に限って言えば、東大にははるかに及ばない大学の学生である。無論、僕が本書でお伝えしてきたのは「もはや学歴の差などはとるに足らない」ということなのだが、彼らにしてみればずいぶんと嫌味に聞こえたことだろう。

何と言っても僕自身が東大の卒業生なのだから。「なんだあいつ、いまどき学歴を鼻にかけやがって！」くらいのことは、あとあと影で言われていても不思議ではない。

テレビ番組のコメンテーターをやることになり、お笑い芸人の方々と仕事をご一緒する機会が増えた当時の僕は、彼らの圧倒的思考力に驚き、これからの日本では「考える」ことがカギになると改めて感じていた。

考える力さえ磨けば、どれだけ勉強が苦手だろうと、どれだけ知識がなかろうと、下剋上できてしまうフィールドがいまの世界では増えつつある。だからこそ、そのチャンスが来ていることを学生たちにもわかってほしかった。

しかし、「学ぶ」のフィールドで勝負している限り、必ずその先には東大卒のような学歴エリートが立ちはだかっている。もちろん勝てる可能性はゼロではないが、残念ながらここでは生まれ持った学ぶ力の差がかなり大きく影響する。

だとすれば、自ら進んで「ミニ東大生」に堕する理由などないではないか。

彼らが普段何を考えて暮らしているのかは知らないが、その授業に出ていたということは、多かれ少なかれ、将来的に何か創造的なことをして世の中を驚かせたいという気持ちがある若者たちのはずだ。にもかかわらず、彼らは到来するチャンスに気づかないまま、「正解」を学ぶ態度に安住してしまっている。それが僕には残念でならなかったのである。

しかし、意外なことに授業後のアンケートでは「『言葉をはっきりさせろ』というアドバイスにはっとさせられた」「『東大卒に勝てない』と言われてびっくりしたが、お話を聞いてなるほどと思った」といった、かなり好意的な意見が9割以上を占めていた。

そう、彼らだって「考える」ことの大切さに気づく機会がなかっただけなのだ。このとき感じた「しっかり伝えればわかってもらえるのだ」という手応えが、本書を書くきっかけとなった。

「学ぶ」の最大価値はどこにあるか？

だからと言って誤解しないでほしいのは、僕は「学ぶ」を否定したいわけではないということだ。時代や局面によっては知識こそが、競合に勝つための最強の手段であることは十分あり得る。

学ぶという行為は、日本語の語源が「まねぶ」であることからも明らかなとおり、本質的には「マネ・模倣」である。つまり、他人が生み出したアイデアを己のうちに摂取することにほかならない。

効率性を考えた場合、自分の頭で考えることほど効率の悪いものはない。

たとえば、どれだけの時間を与えられれば、あなたはピタゴラスの定理を考えつくことができただろうか？　おそらく99・9999％の人が、一生かかってもその発見には至らなかっただろう。

一方、これを学ぶだけであれば、1時間もあれば十分だ。先人が命をかけて生み出した成果を一瞬で摂取できてしまうのが、学ぶという行為の素晴らしいところである。

すでに述べたとおり、ビジネスはスピードだ。だから、さっさと知識を仕入れてしまったほうが優位に立てる局面は少なくない。


国家間の競争である国際政治の世界でも同じようなことが言える。

たとえば、明治維新直後の日本は、まさに「学ぶ」を実践し、その時代の危機をくぐり抜けた好例だ。


明治維新がひとまずの完成を見て、新政府ができてからも、いわゆる明治の名君たちは革命の美酒には酔えなかった。アメリカやヨーロッパの列強諸国がアジアの国々を植民地化しようと画策しており、その脅威が日本にも迫っていたからだ。富国強兵を急務とした日本は、岩倉具視《いわくらともみ》を団長とした岩倉使節団を欧米諸国に派遣した。

そのときの日本が最も学んだのがドイツ帝国である。ドイツを訪れた岩倉使節団は、1

871年ドイツ統一の立役者であるビスマルクに出会い、象徴的な助言を受けている。詳細はさておくとしても、ビスマルクが語ったのは、次のような趣旨のことだった。

「日本はいま考えてはいけないよ。我々もいまは考えていないのだから」

ビスマルクの意図はどこにあったのか？

当時のヨーロッパでは、イギリスが世界最先端をひた走っていた。まだ統一からわずか数年しか経っていないドイツから見れば、イギリスとの間には歴然たる差があることは否定できない。

だからビスマルクは考えた――ドイツに何より必要なのは、考えることではなくまず学ぶこと、より有り体に言えば、イギリスを徹底的にマネることだ。同じ状況下にある日本にも、そのまま同じことが言える、と。

ドイツは中央の大学に各地方の秀才を寄せ集め、さらにその中の成績優秀者をイギリスに留学させたうえで、彼らを官僚に登用した。つまり、学ぶ能力に長けた者を集めて、イギリスのやり方を吸収させ、ドイツ国内に見事なイギリスのコピーをつくり上げたのである。ビスマルクは意識的にこうした戦略をとることで、ドイツの国力を急速に高めていくことに成功した。

これに学んだ日本も、さっそく帝国大学（いまの東京大学）をつくった。各地の秀才を集めるという狙いは的中し、その中でも成績優秀な者たちが役人になるという仕組みがこのときに構築された。のちに文豪として知られる森鷗外《もりおうがい》などは、第一大学区医学校（現・東京大学医学部）予科に年齢を2歳ごまかして12歳で入学し、19歳で本科を卒業している。

こうしたシステムは、国家が発展途上にあり、明確な模倣の対象を持つときには、きわめて有効に機能する。学ぶ力がある人材ほど優遇される学歴社会には、こうした背景があるのである。したがって現代においても、発展途上にある国家の大半は、依然として学歴社会である（韓国しかり、中国しかり）。

ビスマルクと同じ戦略によって、いまやGDP世界第2位にまで上りつめた国家が存在するのをご存知だろうか。そう、中国である。

戦後の中国というのは、「学ぶ」、より正確には「まねぶ（マネ）」によって国力を高めてきた国家の典型だ。

現代中国が何か新しいものを生み出したか、考えてみてほしい。ぱっとどんなものが思いつくだろうか？

あれだけの人口を抱えながらも、中華人民共和国国籍のノーベル賞受賞者というのは、文学賞と平和賞を除いた分野だと一人もいない（台湾など除く）。

中国の急成長を支えてきたのは、その莫大な人口もさることながら、ＩＴから軍事、コンテンツに至るまで、あらゆるものを徹底的にコピー・模倣しようとする態度である。

ビスマルクが語ったとおり、学ぶべきものがあるうちは、ゼロから考えるというのは賢いやり方ではない。学ぶ姿勢を貫いたほうがはるかに効率的なのである。

そのままでは一生、東大卒に勝てない

ここで現代日本に目を転じると、少々首を傾げたくなる事態が続いていることに気づく。いまの日本でもこのシステムが根強く残っているのだ。勉強のできる子どもたちの大多数は、いまだに東大などの有名大学に入学し、その成績優秀者の多くは国家公務員や大企業社員になる。もはや日本はどこかのマネをする必要がなくなっているはずなのに、依然として学習を重視する風潮が続いているのである。

もちろん、「考える」ことの重要性は、いつの時代も訴えられてきた。それにもかかわらず、この古いシステムが残っているということは、やはりこれまでは「考える」必要などなかったということなのだろう。他人が考えてくれたものを学び、それを使って答えを出したほうがよほど効率がいいということを、日本人の誰もが知っていたのである。

しかし、いよいよそういう状況が変わり始めている。つまり、自分の頭で考えて、自分で発想したアイデアがないと競合には勝てなくなってきているのだ。これまでは業務時間のうち、3％を考えることに割いていればなんとかなったかもしれない。しかしいまや、その割合を10％、20％、30％と高めることが求められつつあるのだ。

なぜそう言えるのか？

いま僕が「考える」をすすめるのには2つの理由がある。

①「学ぶ」の競合が増えている（人材がグローバル化している）

②「学ぶ」の価値が下がっている（知識が大衆化している）

第1の理由「競合が増えている」というのは、いわゆる人材のグローバル化のことを指している。たとえ学生時代のあなたがまずまず成績優秀で、いい大学を卒業していて、学ぶ力に優位性を見出しているのだとしても、それはたかだか日本国内の競争環境での話にすぎない。もはや事情が変わり、これからは世界中の学歴エリートがライバルになっているからだ。

あなたと同程度またはそれ以上に学習が得意な人材は、中国やインドに何人くらいいるだろうか。つまり、学習の領域にとどまっている限り、気が遠くなるほど大勢のライバルがあなたのまわりに出現しはじめるだろう。そんな中で、もみくちゃになりながら戦うのは、あまりスマートだとは言えない。

そしてもう1つの大きな理由は、情報へのアクセス環境が整ったことで、知識の相対的価値が暴落したということだ。

「学ぶ」が競争力の源泉になり得るのは、情報の格差があるときだ。つまり、あなたが何かを知っていて、競合がそれを知らないときに初めて、その情報は武器になり得る。

かつてのビジネスは、知識だけで勝負ができた。つまり、特定の情報にアクセスできるネットワークや資金力を持っていさえすれば、圧倒的優位に立てた時代が存在したのだ。

BCG時代のある先輩は「昔は本当に簡単だった……」とよく口にしていた。どんな企業がクライアントであっても、横文字混じりで「アメリカではこういう経営手法が最先端なんですよ」と話せば、容易に案件がとれたというのだ。まさに情報ギャップゆえに、「知っている」だけで優位に立てたという時代だ。

戦略コンサルのように思考力で勝負するはずの世界ですら、このような状況だったのである。日本人がいかに考えなくてよかったかを示す好例だろう。

いまでこそ海外旅行というのはかなり身近になったものの、当時は海外に行くのにもかなりのお金がかかった。JAL1便、つまり羽田―サンフランシスコ間を結ぶ日本初の国際便が開通したのが1953年。これがいまの貨幣価値にすると、片道で800～900万円くらいだったという。つまり、アメリカに行ってちょっとした情報をとってくるだけで2000万円くらいのお金がかかったのだ。

だから、ビジネススクールで教えられるような知識にも、ものすごい価値があった。交通費だけで2000万円弱かかるのだから、長期滞在費や授業料も考えれば「億」に達するようなお金が必要だったということになる。だからこそ、往年のビジネススクール出身者の多くは「お金持ち」である。

たとえば、ハーバード大ビジネススクールの卒業生として有名な方に、日清製粉の社長だった正田《しょうだ》修《おさむ》さんがいる。彼は日清製粉創業者の孫で、皇后・美智子《みちこ》様の弟さんだ。

また、ペンシルベニア大ウォートン・スクールの出身者としては、富士ゼロックスの中興の祖と呼ばれる小林陽太郎《ようたろう》さんが知られているが、彼ももともと富士写真フイルム（現・富士フイルムホールディングス）の社長のご子息である。

それがいまはどうだろうか。書店に行けばＭＢＡ関連の書籍は膨大にあるし、インターネットで検索すれば、誰でも無料でかなりの情報にアクセスできる。もちろん有料の情報もあるし、実際にビジネススクールに通えば授業料も必要になるが、１億円よりはずっと安いのは間違いない。もはやそれらの知識は、かつてのように競争力の源泉にはなり得ない。

こういう環境になると、確実に有利になる人がいる。

もちろんそれは速く確実に考える力を持つ人たちである。

そしていま、そういう人たちが「知の競争」のフィールドに躍り出て、従来のエリートたちをごぼう抜きにするような事態——知的下剋上が起こりつつある。

結局「フィールド選び」が勝敗を大きく左右する

いまが「考える野蛮人」による知的下剋上の時代なのだとしても、ただ考えていればいいかというとそういうわけでもない。

同時に、「どこで戦うか」というのも、じつは見逃してはならない変数なのだ。選んだ戦場に応じて「学ぶ」や「考える」を巧みに切り替えながら戦える人こそが、競争を生き抜いている。そこで、戦場選びをめぐる考察をもって、本書を締めくくることにしたい。

まず、ほぼ「考える」だけで勝負できる世界というのが存在する。芸人の世界はまさにそうしたフィールドの典型だろう。下積み期間の長さや学歴・知識の有無に関係なく、思考力のある人材であれば、一気にトップクラスの戦場に躍り出ることができる。

一方、医者というのは、一般に「考える」だけでは勝負できない世界である。これまでの膨大な医学の知見を学び、それを元に考えた人たちのおかげで、医学は進歩している。

「学生時代にほとんど勉強していなくて、最新医学の成果もまったく学んでいないけれど、医学について自分の頭で30年間は考えてきた」という医者に、あなたは自分の命を預ける気になるだろうか？　ならないはずだ。

学者や弁護士などの専門職についても同じことが言えるだろう。

しかし、医学の世界の中でも、より「考える」のウェイトが大きい分野も存在し得る。

たとえば、循環器病学の権威である呉建《くれけん》博士。彼が東京帝国大学に在学していた当時、心臓というのはあまりにも未解明の部分が多く、研究対象としては人気がなかったという。しかし、師から「心臓の研究をするように」と言い渡されてしまった彼は、自らの思考力を駆使して知のフロンティアを切り開かざるを得なかった。だからこそ後年、彼はこの分野の権威として知られるようになったのである。

このケースでもわかるとおり、普遍的理論がないフィールド、あるいは、普遍的理論がまだ確立されていない戦場では「考える」しかない。というよりも、学ぶべき対象がほとんどないので、考えた者が勝利するのである。

その意味では、精神医学や脳科学というのも、より思考力が要求される領域だろう。ほかの医学領域に比べて確固たる理論が少ないため、より説得力のある結論仮説を構築できる人が優位に立てる戦場である。

だから、こう言ってはあれだが、一般的な意味ではエリートとは呼べない人、ちょっと素性の怪しい人というのも、この分野では大いに活躍しているケースが多い。

医学以外の世界で言えば、「近大マグロ」もそうだ。その背後にとてつもない努力があったことを否定するわけではないが、同時にフィールド選びという点でも、近畿大学水産研究所がマグロの養殖に目をつけたのは見事と言うほかない。

近大マグロがイノベーションを起こし得たのは、確立された理論がまだ存在しない領域を選んだことも大きいのではないか。

そういう戦場ほど、思考力による勝負に向いているし、そこで勝利したときにはより大きなインパクトを引き起こせるはずだ。

その意味で、やはりビジネスには思考力が生きる戦場が多い。ハーバード大ビジネススクールには講義がなくて、ケーススタディが中心であるというのもそうした理由からだろう。

ビジネスについては決まった理論など、ほとんど存在しない。それらしいものを学ぶことまでは否定しないが、あとは考えて考えて考え抜けばいいのである。

たとえば営業マンであれば、商品についての最低限の知識は学ばなければならないにしても、営業活動そのものについては何か決まったフレームワークはほとんどない。つまり、セールスなどは考えた者勝ちの世界の典型である。

リーダーシップについても、関連書籍はたくさん刊行されているし、いろいろな理論を語る人はいる。しかし、いくらそれを学んでも、相手にするのは生身の人間である以上、結局のところ、成果を上げるリーダーとは、「考えている」リーダーなのではないだろうか。

あなたの前に、何か決まったルールや理論が存在しない戦場が広がっているのであれば、なおさらあなたは思考力を磨き、そこで存分に戦うべきだろう。

おわりに――「語彙力」を高める

論理思考のシンプルな本質、それは「言葉を明確にして筋道をつけていくこと」である。発想を広げたいのであれば、何よりも言葉の力を高めることだ。これが本書を通じて僕がいちばん伝えたかったことだ。だが、こう感じている人もいるかもしれない。

「結局、難しい言葉を知らない自分には、知的下剋上なんてできっこない。『考える』ことが大事と言っておきながら、結局、言葉を『学べ』ということなんでしょ?」

だが、これは誤解である。語彙力を高めるとは、哲学用語のような難解な言葉をたくさん学ぶことではない。マッキンゼーのプレゼンはごく一般的な日常語だけで行われているし、思考力に優れたお笑い芸人も語彙の数そのものが豊かなわけではない。

それに、言葉の力は「意識」によって大きく変わる。論理思考力が高まらないのは、言葉への意識が低いからかもしれない。「コンセプト?」「ストラテジー?」「アライアンス?」「有機的な結合?」――曖昧な言葉遣いは僕たちのまわりに溢れている。まずはいつも「なんとなく」で済ませている言葉がないか、見直してみよう。

［著者］
津田久資（つだ・ひさし）
東京大学法学部およびカリフォルニア大学バークレー校経営大学院（MBA）卒業。博報堂、ボストン コンサルティング グループ、チューリッヒ保険で一貫して新商品開発、ブランディングを含むマーケティング戦略の立案・実行にあたる。
現在、AUGUST-A㈱代表として、各社のコンサルティング業務に従事。
また、アカデミーヒルズや大手企業内の研修において、論理思考・戦略思考の講座を多数担当。表層的なツール解説に終始することなく、ごくシンプルな言葉を使いながら、思考の本質に迫っていく研修スタイルに定評があり、これまでのべ１万人以上を指導した実績を持つ。
著書に、就活面接本の超定番書『ロジカル面接術』（WAC）のほか、『世界一わかりやすいロジカルシンキングの授業』（KADOKAWA）、『出来る人ほど情報収集はしないもの！』（WAC）、『超MBA式ロジカル問題解決』などがある。

あの人はなぜ、東大卒に勝てるのか──論理思考のシンプルな本質

2015年９月17日　第１刷発行
2025年４月28日　第８刷発行

著　者──津田久資
発行所──ダイヤモンド社
〒150-8409　東京都渋谷区神宮前6-12-17
https://www.diamond.co.jp/
電話／03･5778･7233（編集）　03･5778･7240（販売）

装丁──────西垂水敦（tobufune）
本文デザイン─黒岩二三（Fomalhaut）
DTP ─────ニッタプリントサービス
製作進行───ダイヤモンド・グラフィック社
印刷──────八光印刷（本文）・新藤慶昌堂（カバー）
製本──────ブックアート
編集担当───藤田 悠

ISBN 978-4-478-06517-4